湖北省学术著作出版专项资金资助项目
中国经济转型与创新驱动发展研究丛书
总主编：张建华

 华中科技大学张培刚
发展研究院文库

2016年度教育部人文社会科学研究青年基金项目"金融错配对企业创新投资的影响研究——基于创新异质性的视角"（批准号：16JC790013）成果

The Impact of
Financial
Development on
China's Total
Factor Productivity

金融发展对中国全要素生产率的影响研究

戴 静　郑 文◎著

华中科技大学出版社
http://www.hustp.com
中国·武汉

作者简介
About the Author

戴　静　经济学博士，湖北经济学院金融学院副教授，主要从事经济增长和金融发展等领域研究。在《金融研究》和《经济学动态》等国内权威期刊以及SCI国际期刊等发表论文多篇，荣获2014年张培刚优秀博士论文奖，主持和参与国家社会科学基金项目、教育部课题和省级课题多项。

郑　文　女，1987年生，湖北荆州人。毕业于华中科技大学，获经济学博士学位。主要研究方向为产业经济学和金融发展理论。曾作为核心成员或主要成员参与过多个国家自然科学基金项目、国家社会科学基金项目、教育部人文社会科学基金项目、湖北省社会科学基金项目等国家级及省部级项目。在《国际经贸探索》等核心期刊上发表论文多篇。现就职于中国农业银行湖北省武汉分行风险管理部。

中国经济转型与创新驱动发展研究丛书

中国社会经济发展已进入新时代,正处于从中等收入向高收入阶段跨越的重要转型发展时期。建设创新型国家任重道远,中国特色发展道路正在形成之中。

本丛书立足于国家现实发展需求,尝试运用"创新、协调、绿色、开放、共享"的全新发展理念,在全球化视野中探寻经济结构转型与创新驱动发展,实现经济发展方式转变。我们期待这些研究将为中国转型与创新发展的实践决策提供重要的理论支撑。

内容提要
Summary

　　本书首先从理论上探索金融发展对全要素生产率的影响及其作用机制；其次在选择合适的度量指标和度量方法的前提下，对当前中国金融发展现状及全要素生产率的发展现状进行了描述及统计性分析；最后利用中国省级层面的面板数据对金融发展的生产率效应及各个作用机制进行实证检验。在理论研究中，基于金融功能论的主要思想，本书将金融发展纳入熊彼特增长模型框架，并利用数理推导的方法探索金融发展对全要素生产率的影响及作用机制。模型表明，金融发展通过缓解技术升级投资项目的融资约束，提升了该类项目内生的成功概率，并促进资本优先流向发展前景更广的产业，从而从促进技术进步和优化资本配置两个方面，推动全要素生产率增长。

总序
General preface

  中国社会经济发展已进入转型发展的新阶段,正处于从中等收入向高收入阶段跨越的重要时期。中国经济面临新的机遇与挑战,肩负结构调整和转变经济发展模式的使命,建设创新型国家任重道远,中国特色发展道路正在形成之中。在现阶段,我国工业化发展、产业结构演进出现了新特点,加快结构调整的紧迫性越来越强,通过创新驱动加快产业结构优化升级,已成为我国新时期实现经济转型发展的一项重要战略举措。正是在这样的背景下,华中科技大学张培刚发展研究院研究团队,先后承担了两项国家社会科学基金重大项目"新型工业化道路的工业结构优化升级研究"(2006年立项)、"基于创新驱动的产业结构优化升级研究"(2012年立项)。最近几年来,本研究团队着力从创新驱动的视角,围绕中国经济转型和产业结构优化升级这一主题进行了深入研究。现在呈现给各位读者的中国经济转型与创新驱动发展研究丛书,就是在这些研究项目成果的基础上经过总结、提炼后形成的阶段性成果。

  经济转型与创新驱动是中国当前经济发展的重大议题,也是国家持续关注和重视的问题。本丛书尝试全面系统地从创新驱动视角研究中国经济转型和产业结构优化升级,既有理论探讨,又有实证研究。研究议题涉及中国工业结构转型升级的原理、路径与政策,中国经济转型发展与动能转换,企业自主创新与产业转型,区域创新系统,基于创新的产业政策、新型城镇化、反贫困研究、国际分工与国际贸易新发展、进出口贸易内涵自然资本，以及金融发展对产业发展的影响等。毫无疑问，这些专题既是中国面临的重大现实问题，也是国际社会关注的前沿发展问题。

本丛书将理论与实证分析相结合，从微观、中观、宏观等多层次，从企业、区域、全球价值链等多维度，探讨中国经济转型与创新驱动发展过程中的关键问题，对于我国经济转型和创新型国家建设具有重大的现实意义。本丛书立足于国家现实发展需求，在全球化视野中探索经济结构转型与创新驱动发展，实现经济发展方式转变。本丛书尝试运用"创新、协调、绿色、开放、共享"的全新发展理念对中国的创新驱动发展和经济转型问题做了系统梳理，丛书中不仅有体现创新理念的创新驱动产业结构调整、企业自主创新、基于创新导向的产业政策主题，也有体现协调理念的区域创新系统、新型城镇化主题，有体现绿色理念的贸易生态足迹主题，还有体现开放理念的国际分工、体现共享理念的反贫困等重要议题。总之，我们从较为宽广的视角进行选题，将有助于我们对创新驱动和中国转型发展问题更好地从全局进行把握。因此，本丛书的研究成果，势必将有利于推进经济转型与创新驱动发展议题的深入探讨，而且我们也预期许多研究结果将能够为中国转型与创新发展的实践决策提供重要的理论支撑。

本丛书（第一辑）共有10本书。在此，我们简要介绍一下第一辑10本书的基本内容。

第一本是《中国工业结构转型升级的原理、路径与政策》。该书基于我国工业结构转型升级的历史与现状，探寻工业结构转型升级的作用机理、实现路径与政策措施。该书结合我国探索新型工业化道路的实践，试图从微观、中观、开放环境以及产业关联等视角，为我国工业结构转型升级提供新思路和实施方案;与此同时,从体制机制创新角度探讨其对我国工业结构优化升级产生的经济效应,并探讨了促进工业结构转型升级的政策支持体系。

第二本是《中国经济转型发展与动能转换》。该书立足于中国经济社会转型升级的大背景,深入探讨当前中国经济减速背后的成因,实证探索中国经济总体以及地区和各行业经济增长的动力机制,揭示全要素生产率(TFP)黑箱的构成及其溢出效应,并深入研究了中国经济转型发展的微观基础和影响因素。研究表明:制定适宜的区域与行业发展政策并最终促进中国经济发展质量提升,具有非常重要的现实意义。该书也为中国经济转型发展的动能转换提供了新思路。

第三本是《中国企业创新与产业转型升级研究》。该书聚焦于以企业创新驱动中国产业转型升级,吸纳、融合了经济学、管理学与计算机科学的最新理论,采用企业考察与产业分析相结合的研究路径,探讨了开放条件下内资与外资企业创新,模块化技术发展与企业产品创新,国家高新区建设与区域创新系统效率。在此基础上,结合基于大数据可视化分析的产品空间图,深入探寻了以创新驱动中国产业转型升级的作用机理与实现路径,并对中国产业转型升级的先行者与示范者——国家高新区的政策效果进行了实证检验,从而为更好地促进中国产业转型升级提供了现实的政策着力点。该书建构了中国企业创新与产业转型升级的全新理论框架,为中国实施创新驱动战略、实现产业转型升级目标提供了科学决策的理论依据。

第四本是《区域创新系统与中国产业结构转型升级》。该书立足于当前中国经济新常态,着力于创新驱动产业结构优化升级的国家战略。应用熊彼特创新理论,基于其研发多部门的一般均衡模型,探讨区域创新系统影响产业结构转型升级的作用机理。应用该理论模型,结合中国区域创新系统运行的现状,分别从区域创新系统促进产业专业化演化和提升企业创新能力两个方面,展开实证分析,以揭示区域创新系统影响创新驱动产业结构转型升级的作用机制和实现路径。

第五本是《创新资源再配置与中国工业发展》。现代研究表明:创新资源的优化配置是提升创新效率、加快创新驱动、推进产业结构优化升级的关键。该书将集中探讨创新资源再配置与中国工业生产率增长、创新绩效之间的关系,并从产业政策维度分析如何实现创新资源优化配置并最终促进工业创新绩效的提升和生产率增长。该书主要探寻创新资源再配置影响生产率增长的微观机理、宏观效应,评析我国创新资源再配置的现状和特征,着重分析创新资源再配置与工业创新之间的关系,并从行政进入壁垒、补贴政策等层面探寻产业政策的调整、优化方向。该书在理论分析的基础上,对中国工业企业微观数据进行实证检验,从创新资源再配置的视角为创新驱动产业结构优化升级提供理论支撑和决策依据。

第六本是《中国城市经济转型发展》。该书基于经济增长本质的视角,以区域经济学理论中的聚集经济与拥挤成本为切入点,采用理论与实证相结合的研究方法,深入研究了城市的经济增长与转型发展、城市规模与城市民生、城市创新与大中小城市协调发展等三大城市经济理论与实践问题,这些问题也是中国目前城市经济发展面临的难点和热点问题。针对中国经济由粗放型向品质型增长方式转型的现实,该书还着重论证了城市规模过大导致的无效率或低效率,并针对这些问题提出明确的对策建议,为正处于经济增长方式转型中的中国城市发展提供了重要的理论和实践参考。

第七本是《中国农村多维贫困测度与反贫困政策研究》。该书从多维贫困视角,采用实证分析和描述分析相结合的方法,研究了我国农村

20世纪90年代以来的多维贫困的变化趋势和当今多维贫困的状况及特征。以此为基础,对我国历来的农村反贫困政策效果进行了评价,试图为今后我国实施精准扶贫战略、制定更为有效的农村反贫困政策提供理论依据。该书基于可行能力视角的多维贫困理论,提出了我国农村反贫困政策必须遵从经济政策和社会政策相融合的建议。我国的农村反贫困政策一直以经济政策为主,社会政策长期处于从属地位,从而导致农民的保障水平和发展权利不足,要加强社会政策的反贫困功能,特别要从传统的社会政策向发展型社会政策转变。

第八本是《产品内国际分工与中国产业发展》。加工贸易、外包、中间品贸易等产品内国际分工形式的出现,对原有针对"最终品"的贸易理论提出挑战。该书通过对产品内国际分工进行新的理论分析,探讨对接包国生产效率产生影响的作用机制,随后对产品内国际分工程度进行度量,并对全行业中国数据进行实证研究,分析产品内国际分工对产业生产率、出口技术水平、就业等方面的影响,并讨论在"一带一路"、互联网+等新形势下的新挑战等。研究发现中国参与产品内国际分工程度呈现出先降低后上升的趋势,产品内国际分工显著促进生产率的提高,但对就业不存在直接的拉动作用,在这个过程中,我国产业结构优化存在相互促进作用。

第九本是《中国进出口贸易内涵自然资本研究》。该书以生态足迹(EF)测度自然资本,运用产品用地系数矩阵(PLUM)法测算中国与美国、中国与欧盟、中国与金砖国家双边货物贸易内涵自然资本流向,运用投入产出(IO)法测算中国进出口贸易内涵自然资本流向,在此基础上拓展出IO-PLUM法,测算中国进出口贸易及中国与欧盟双边货物贸易内涵自然资本流向。采用生态赤字作为衡量中国整体生态资源贫瘠化的指标,运用向量自回归模型分析、协整分析、Granger因果检验、广义脉冲响应分析与方差分解分析,考察中国消费、投资、政府采购及南北贸易净出口增长和南南贸易净出口增长与生态资源贫瘠化之间的因果关系。进而引入南北贸易相关数据作为中介变量,采用中国等56个发展中国家2002—2008年的面板数据,考察不清晰和不稳定的产权制度导致发展中国家生态资源贫瘠化的影响机制。

第十本是《金融发展对中国全要素生产率的影响研究》。在严峻的国内外形势下,加快推动全要素生产率增长是中国经济实现可持续发展的关键所在。一国全要素生产率的增长离不开金融的支持,特别是随着金融体制改革的日益深化,中国金融体系在现代经济体系中的支撑地位日益凸显,对全要素生产率的演变产生了越来越重要的作用。因此,在中国急需实现经济增长方式转型和金融体制改革持续深化的双重背景下,系统研究金融发展对全要素生产率的影响及其作用机制具有重要的理论和实践意义。该书从理论上利用熊彼特增长框架探讨了金融发展对全要素生产率的影响及其作用机制,主要包括:促进技术进步和优化资源配置等途径的传导机制;选择合适的度量指标和度量方法对当前中国金融发展现状及全要素生产率的发展现状进行了描述及统计性分析;利用中国省级层面的面板数据对金融发展的生产率效应及各个作用机制进行实证检验。本研究为建立并完善基于创新驱动的金融体系提供研究基础和政策依据。

当然,这套丛书只是我们课题组研究的部分成果,许多探讨还是尝试性的。我们预期,伴随着中国转型发展的深入展开,全面深化改革和全面建设小康社会的推进,更多深入细致的研究必将不断涌现。我们期待中国经济转型与创新驱动发展研究不断深入,中国早日进入高收入国家行列,中华民族伟大复兴的中国梦早日实现!

本套丛书作为华中科技大学张培刚发展研究院文库成果,在丛书策划、研究推进过程中,得到了张培刚发展经济学研究基金会的大力支持,也得到了湖北省学术著作出版专项资金、湖北省人文社会科学重点研究基地"创新发展研究中心"、华中科技大学一流学科建设项目以及华中科技大学出版社的大力支持。特别值得一提的是,课题组主要成员叶翠红博士在丛书策划和推进协调过程中积极工作,发挥了极其重要的作用。在此一并表示衷心的感谢!

华中科技大学经济学院和张培刚发展研究院院长
湖北省人文社会科学重点研究基地"创新发展研究中心"主任
2017 年 8 月 25 日

目录
Contents

- 1 第一章 绪论
- 2   第一节 研究背景及目的
- 2   一、研究背景
- 4   二、研究目的及意义
- 5   第二节 国内外研究综述
- 5   一、金融发展与经济增长的研究综述
- 12   二、金融发展与全要素生产率的研究综述
- 21   第三节 研究思路、研究方法及创新点
- 21   一、研究思路
- 21   二、研究方法
- 22   三、创新点
- 24   第四节 研究内容及结构安排
- 24   一、研究内容
- 25   二、结构安排

- 27 第二章 金融发展影响全要素生产率的机制分析
- 28   第一节 金融发展的概念
- 29   第二节 金融发展影响全要素生产率的微观机制
- 30   一、技术升级行为的融资约束问题
- 31   二、金融体系促进全要素生产率提升的作用机制

33　第三节　金融发展影响全要素生产率的数理模型分析
34　　一、基本假设
37　　二、一国的标准生产率
38　　三、完全信贷市场下,标准生产率的收敛路径
39　　四、不完全信贷市场下,标准生产率的收敛路径
42　　五、标准生产率收敛的均衡状态
46　　六、金融发展对部门生产率的影响
49　第四节　基本模型的扩展——两部门最终产品模型
49　　一、基本假设
50　　二、完全信贷市场下,标准生产率的收敛路径
51　　三、不完全信贷市场下,标准生产率的收敛路径
54　　四、金融发展对社会平均生产率的影响
55　第五节　本章小结

57　**第三章　中国金融发展与全要素生产率的典型事实**
58　第一节　中国金融发展水平的度量
58　　一、金融发展水平的度量指标体系构建
65　　二、中国金融发展水平的度量及现状分析
72　第二节　中国各地区全要素生产率的度量
76　第三节　中国金融发展与全要素生产率的关系初探
78　第四节　本章小结

80　**第四章　金融发展对中国全要素生产率的影响效应分析**
82　第一节　计量模型的构建
83　第二节　变量选取及说明

83	一、核心变量
83	二、控制变量
85	第三节 各变量的描述性分析
86	第四节 金融发展对全要素生产率的影响效应
86	一、对假说1的检验
94	二、对假说2的检验
100	第五节 本章小结

102	**第五章 金融发展对技术外溢的门槛效应**
104	第一节 金融发展影响技术外溢的内在机制
104	一、世界先进技术向发展中国家转移的方式及前提条件
106	二、金融发展、FDI与国际技术外溢
109	三、金融发展、国际贸易与国际技术外溢
110	第二节 金融发展对技术外溢效应影响的实证分析
111	一、金融发展对技术外溢的影响：基于交互项的检验
115	二、金融发展对技术外溢的门槛效应：基于门槛回归的检验
120	第三节 本章小结

122	**第六章 金融发展影响地区创新能力的实证分析**
124	第一节 相关文献综述
126	第二节 金融发展影响创新能力的实证分析 ——基于OLS估计法
126	一、理论模型的构建
129	二、研究对象及数据来源
129	三、估计结果

132	第三节 金融发展影响创新能力的实证分析
	——基于空间面板模型
132	一、中国地区创新产出的空间格局及集群现象
135	二、模型的设定与选取
138	三、模型的估计
141	第四节 本章小结

143	**第七章 金融发展影响地区资本配置效率的实证分析**
144	第一节 相关理论基础
144	一、资源配置效率对全要素生产率影响的理论基础
145	二、金融发展与资本配置效率优化
149	第二节 中国各地区资本配置效率的估算
149	一、资本配置效率的估算方法
150	二、中国分地区、分年度的资本配置效率估算
152	第三节 金融发展影响地区资本配置效率的实证分析
152	一、模型设定及变量描述
155	二、回归结果分析
159	第四节 本章小结

160	**第八章 研究结论与研究展望**
161	第一节 主要研究结论
164	第二节 研究展望

167	**参考文献**

190	**后记**

第一章

绪论

第一节 研究背景及目的

一、研究背景

随着改革开放的深入,中国经济增长取得了令人瞩目的成就,国内生产总值连续30多年保持年均9%左右的高增长速度,经济总体实力及国际地位持续增强,创造了人类经济增长史上的奇迹。但应看到,长期以来中国经济增长主要依靠资本劳动及能源等生产要素的高投入,而生产率进步对经济增长的贡献率偏低,是一种典型的粗放型增长(Krugman,1994;Arayama & Miyoshi,2004;郭庆旺等,2005)。现阶段,这种依靠要素投入的高速增长模式背后隐藏的巨大隐患已逐步显现,如资源过度消耗、环境严重破坏、产业处于全球价值链低端等,这些都严重制约了中国未来的发展。Krugman(1994)、吴敬琏(2006)等大量学者对中国未来的经济增长表现出强烈的担忧,他们明确指出,这种要素驱动型的增长方式难以为继。因此,我们对经济增长问题关注的焦点不应仅停留在经济总量的扩张上,更应深入如何促进经济增长质量的发展中。

在资源与环境的双重约束下,中国要实现经济的健康可持续发展,就必须借助全要素生产率(TFP)的进步。以索洛为代表的新古典经济学家认为,长期内,全要素生产率是促进经济增长的唯一源泉,资本积累只能影响经济增长的水平。Klenow和Rodriguez-Clare(1997)、Easterly和Levine(2001)、Kogel(2005)及彭国华(2005)等学者分别在不同的经济增长核算框架下,以不同时间段不同国家或地区的面板数据为研究对象[①],对经济增长的来源进行分解,并得出了一致性的结论:全要素生产率的差异是解释国家或地区间人均产出增长率及人均收入差异的主要原因。Hall 和 Jones(1999)通过对跨国经验的总结,也发现经济增长的长期动力是全要素生产率的提升而不是资本积累和资本的过度投入。因此,保证经济长期可持续发展的关键在于全要素生产率的提升,中国应该转变增长方式,走一条"以提升生产率为核心"的新型工业化路子。那么,如何利用外力促进全要素生产率提高,已成为中国迫切需要解决的现实问题。

此外,国际及国内经验表明,金融体系在现代经济增长及发展历程中占据着举足轻重的地位。特别是20世纪90年代拉丁美洲和亚洲金融危机以及2008年席卷全球的国际金融危机对实体经济造成的巨大冲击,进一步凸显了金融体系在现代经济体系中的核心地位。对于中国而言,随着金融体制改革的日益深化,金融体系在中国国民经济体系中的地位日益提升。经过几十年的金融体系重构与发展,金融体系结构已经由"大一统"的银行体系模式逐步发展为"结构完整,层次分明"的现代金融体系结构,金融基础设施及金融监管制度亦日臻完善,金融体系对中国国民经济体系的支撑作用日益凸显。这不仅表现为金融体系为中国经济的起飞提供了有力的资金支持,更重要的是金融体系通过储蓄动员、信息收集处理与分析、风险分散及激励监督与约束等功能的发挥,成为现代经济体系中重要的资源配置机制之一,对经济发展发

---

① Klenow 和 Rodriguez-Clare(1997)以 1960—1995 年 98 个国家的面板数据为研究对象,Easterly 和 Levine(2001)以 1960—1992 年 90 个国家的面板数据为研究对象,Kogel(2005)以 1965—1990 年 70 个国家的面板数据为研究对象,彭国华(2005)以 1982—2002 年中国省际面板数据为研究对象。

挥着重要的支撑作用,并对经济增长的总量、速度及质量产生了深远的影响。因此,金融体系的完善与发展在为国民经济创造直接产值的同时,已成为促进经济增长的重要支撑及先导力量。在这一背景下,大量学者开始探讨金融发展在经济增长领域中的作用及地位,并在金融学及发展经济学的交叉领域建立了一门新的学科——金融发展理论,这为理解金融发展对实体经济的影响奠定了一定的理论基础。但迄今为止,这一研究主要集中在金融发展对经济增长影响的相关领域,并未对金融发展影响经济增长的作用机制进行深入研究。特别地,对金融发展影响全要素生产率的总效应及作用机制的研究还较为匮乏。

因此,在中国急需实现"以全要素生产率增长作为第一推动力"的增长方式转型及金融体系在经济体系中的地位日益凸显的双重背景下,基于金融发展的视角研究全要素生产率的增长问题具有重要的理论及现实意义。

二、研究目的及意义

从理论层面上看,系统研究金融发展对全要素生产率的影响及作用机制弥补了现有理论的不足。现阶段关于金融发展对国民经济影响的研究主要集中在金融发展对经济增长的影响上,而全要素生产率作为推动经济增长的唯一源泉,在金融学与发展经济学的交叉领域并未得到充分的关注。对金融发展影响全要素生产率的总效应及作用机制进行深入挖掘,能丰富与完善相关理论。

从现实层面上看,全要素生产率的增长不能脱离金融的支持。特别是在中国正处于经济增长方式转型的关键时期,正确理解金融发展对全要素生产率的影响及作用机制,对于利用金融体制改革促进经济增长方式转型、实现经济可持续发展具有重要的现实意义,为引导今后金融体制改革方向和金融资源的有效配置提供了一定的借鉴意义。

第二节 国内外研究综述

为更细致地剖析金融发展对经济增长的影响,大量学者在索洛增长模型框架下,从资本积累和全要素生产率两个角度(这也是经济增长的两个基本要素)展开研究(Levine,1997;Ang,2008)。下面将对相关文献进行综述。

一、金融发展与经济增长的研究综述

自 Schumpeter(1912)提出金融与经济增长之间可能存在某种必然的联系以来,诸多学者展开了金融与增长之间的相关研究。随着对"金融-增长"理解的深入,理论界对其关系的探讨也经历了以下几个阶段。

1. 因果关系的探讨

早期关于"金融-增长"的文献,更多地集中在金融发展与经济增长之间的因果关系探讨上。诸多学者通过跨国经验的分析与总结,发现经济发展过程中存在着一个显著的特征,即金融发展与经济增长之间具有高度协同性(Schumpeter,1912;Cameron,1967;Patrick,1966;Goldsmith,1969;McKinnon,1973;Shaw,1973;King & Levine,1993a,b;Rajan & Zingales,1998)。那么金融系统是伴随经济增长发展,还是金融发展创造了经济增长?两者之间存在怎样的因果关系?不同学者持有的观点迥异,根据总结,可以将"金融-增长"之间的关系方面的观点大致划分为五种:"需求跟随论"、"供给引导论"、"双向因果关系论"、"并无显著的因果联系论"和"阶段论"。

Schumpeter(1912)认为,金融中介可以通过动员储蓄、评估项目、

管理风险、监督经理和促进交易的形式达到激励技术创新和经济发展的目的。Patrick(1966)发现现实世界里同时存在"需求跟随型"和"供给引导型"的金融发展,两者间的因果关系并不明确。在经济增长的起飞阶段,金融引导经济增长;当经济进入快速增长阶段,经济变得日益复杂,此时经济中的摩擦会对金融服务产生需求,刺激金融发展。这种"金融-增长"关系的不确定性被称为"Patrick之谜"。在随后的研究中,各个学者试图用各国的经验证据来解决"Patrick之谜"。如Hicks(1969)发现,英国工业革命的成功,正是由于相对完备的金融市场与金融体制为其提供了工业资本的积累。英国工业革命中所使用的技术在工业革命前就已经存在,真正引发工业革命的是金融系统的创新,而不是通常所说的技术创新。通过向需要资本的大型项目融资,金融创新使这些技术得以实现并贡献于经济增长。但Blocha和Tang(2003)用东亚经济体快速增长的经验辩驳了"金融必须领先于经济增长"的论断,因为东亚经济起飞时并没有完善的金融基础设施。他认为金融与发展之间应该是双向因果关系,而不是金融发展促进经济增长的单向因果关系。Goldsmith(1969)利用35个国家1860—1963年的数据验证了两者间的相互促进关系,认为金融机构通过将储蓄在潜在投资项目之间进行合理配置的路径,加速了经济的增长。Lucas(1988)认为,金融的作用被"过分强调",通过经验研究证明经济增长与工业化促进了金融发展。还有部分学者认为"金融-增长"不是简单的线性关系,金融发展对经济增长的作用随着通胀率水平的不同、经济发展阶段的不同以及时间阶段的不同会对经济产生不同的影响。如Rousseau和Wachtel(2002)认为,当年均通胀率高于13%的门槛值时,金融深化不会影响经济增长;Loayza和Ranciere(2006)通过经验验证发现,金融深化在短期内会对经济增长产生负面影响,在长期内将促进经济增长。

国内学者在对"金融-增长"的因果关系研究上也进行了有益的探讨。但国内的研究基本上是延续国外的研究思路,从实证分析的角度出发,对两者间的关系进行探讨。谈儒勇(1999)首先采用 King 和 Levine(1993a,b)等人创建的金融发展指标,对中国的金融发展与经济增长的关系进行了检验,发现金融发展促进了经济增长。杜佳和蓝海荣(2003)也有类似的发现。赵振全和薛丰慧(2004)从实证研究的角度检验我国金融发展对经济增长的作用,结果表明,目前我国信贷市场对经济增长的作用比较显著,而股票市场的作用并不明显。

但是仅仅对"金融-增长"长期协同关系进行简单的事后考察并以此证实两者间具有的因果关系,实难使人信服。现实世界里可能存在同时对金融发展和经济增长具有相同作用力的因素,从而使两者间存在相同的发展趋势。为了更有效地说明两者之间的关系,学术界开始对其内在影响机理进行深层剖析。

2. 内在影响机理的探讨

对金融发展促进经济增长影响机理的探讨主要分为两个阶段:一是 20 世纪 70 年代和 80 年代,以 McKinnon(1973)和 Shaw(1973)为代表的经济学家创建的金融抑制理论;二是 20 世纪 90 年代,以 Greenwood 和 Jovanovic(1990)、Bencivenga 和 Smith(1991)以及 King 和 Levine(1993a,b)为代表的经济学家,发展了内生增长框架下的新金融发展理论,并对两者之间的关系进行探讨。1973 年,McKinnon 和 Shaw 分别出版《经济发展中的货币和资本》和《经济发展中的金融深化》,两本专著的问世标志着金融发展理论的形成。McKinnon 和 Shaw 放弃了以成熟的市场经济国家的金融体系为对象的研究方法,转而研究发展中国家的金融问题,并提出了著名的"金融抑制理论":金融抑制—扭曲利率和汇率等金融价格—资金供给减少和高风险、高收益投资不足—实际增长率下降—发展过程受阻。而金融自由化会矫正金融市场的扭曲,促进经济的发展。但是20世纪70年代和80年代的金融自由化尝试大多以失败而告终。McKinnon(1973)和Shaw(1973)的金融抑制理论受到了来自现实的挑战。90年代,经济学家对金融发展的研究突破了金融抑制理论的框架,进而在内生增长理论的基础上推动了金融发展理论的新发展。这一时期,经济学家放弃了金融体系外生的假设,并扩展了金融抑制理论框架下金融系统的功能——除了积聚金融资源之外,更重要的功能来自对资源的有效配置带来的生产率的提升。利用内生增长理论的研究方法来推断金融体系如何在经济发展过程中内生,内生的金融体系如何发展以及如何作用于经济增长(谭儒勇,1999)。在这里,仅对内生增长框架下金融发展如何作用于经济增长的文献进行综述。

在内生增长框架下,金融发展对经济增长的影响主要通过三种路径实现:一是改变私人的储蓄率;二是影响储蓄/投资的转换率;三是提高资本的边际生产率。前两种路径可以总结为提高资本的积累,第三种路径主要依靠对资本进行重新配置的方式来实现。这一时期,关于"金融-增长"关系的探讨,主要集中于金融系统的发展对经济增长的影响是通过何种途径得以实现,是资本积累抑或是生产率提升。

Greenwood 和 Jovanovic(1990),Bencivenga 和 Smith (1991)在内生增长框架下,研究金融发展与经济增长的联系。他们认为,金融机构是通过将资金分配给最有效率的企业家,提升投资效率而不是储蓄率从而促进经济长期增长的。King 和 Levine(1993a)开创性地构建了四种衡量金融发展水平的指标:一是金融深化指标,采用流动负债占 GDP 的比例;二是金融中介指标,采用储蓄银行国内资产占储蓄银行和中央银行国内资产之和的比例;三是非金融部门贷款占全部信贷额的比例;四是非金融部门贷款占 GDP 的比例。其中,后两者是度量金融部门信贷流向的指标。通过利用 80 个发达和发展中国家数据进行计量分析,结果表明金融确实能促进经济发展,而不是简单的"需求跟随",金融发展通过提高资源的利用率和促进资本积累的方式达到促进经济增长的目标,但并未解释政府的金融政策对长期经济增长的影响。

King 和 Levine(1993b)以"企业家精神"或"创新"为纽带,建立了"金融发展—企业家精神实现—生产率提升—经济增长"的联系。他们总结了金融系统提升生产率的四种渠道:一是评估潜在企业家并选择最有前景的项目;二是将金融资源配置给最有前景的项目;三是分散由不确定创新活动带来的风险;四是揭示创新活动创造的潜在回报。他们沿用 King 和 Levine(1993a)衡量金融发展的指标,运用计量分析和案例分析法发现,发达的金融系统通过将资源配置在更有前景的企业,促进了生产率和经济的增长。该结论赋予的政策内涵是政府的金融政策可能对长期经济增长发挥重要的作用。在 King 和 Levine(1993a,b)的基础上,诸多学者进一步探讨了"金融-增长"关系。

de Gregorio 和 Guidotti(1995)对 King 和 Levine(1993a,b)用货币加总量(M_1 或 M_2)衡量金融发展水平的做法进行了批判。原因在于金融发展与经济增长之间的联系主要在于金融系统分配资源的有效性,但 M_1 或 M_2 只能反映金融体系提供流动性或者交换媒介的能力,两者不能等价。另外,货币化程度与金融发展水平之间也不必然相关。他们直接采用国内私人部门的信贷额(中央银行和储蓄银行信贷额之和)

占GDP的比例作为金融中介发展的代理变量,但承认该变量的弱替代性。① 通过对1960—1985年间100个国家和1950—1985年间12个拉丁美洲国家的数据进行计量分析发现,金融发展主要通过提升投资利用率的方式促进了经济增长,且作用程度在不同国家和不同时间段存在显著差异。但无规制的金融自由化可能导致金融危机,从而使金融发展与经济增长之间存在负向关系。

Rajan和Zingales(1998)批判了直接使用金融发展对增长进行回归来判断两者间因果关系的方法,因为在回归方程中可能忽略了其他同时影响金融发展和增长的因素,从而导致两者间出现长期相同的发展趋势。Rajan和Zingales(1998)从分析金融发展影响增长的作用途径出发,对两者间的因果关系进行了验证。他们指出,金融发展有两种经济效应:一是减少储蓄和投资的交易成本,降低经济体内资本的总成本;二是金融市场和金融组织帮助企业减少道德风险和逆向选择问题,降低外部融资成本。通过使用产业外部资金依赖度与国家金融发展水平的交叉项对产业增长率进行回归,发现该交叉项符号显著为正。这表明外部资金依赖度大的产业在金融发展水平高的国家增长更快,间接证实了金融发展可以通过降低外部融资成本、实现资源优化配置的方式促进经济增长。由此延伸,金融发展能对一国的专业化模式提供解释,金融发展程度高的国家在对外部金融依赖程度高的产业上更具有比较优势。

Beck等(2000)对金融发展和经济增长的源泉进行了验证。他们在King和Levine(1993a,b)、de Gregorio和Guidotti(1995)的基础上重

---

① 近年来,大部分金融发展来自非银行金融体系,只采用来自银行系统的信贷额作为替代金融发展水平的指标,具有弱指示器的特征。

新构建了衡量金融中介发展水平的指标——私人信贷。与 King 和 Levine(1993a,b)的测度不同，私人信贷额排除了来自货币当局和政府机构的贷款，包括储蓄银行和其他金融中介提供给私人部门的贷款。Beck 等(2000)采取 1960—1995 年期间 63 个国家的数据就金融中介发展水平对私人储蓄率、资本积累、全要素生产率和真实人均 GDP 增长率的影响进行了计量分析。为控制金融中介发展与各变量之间的联立性偏误，Beck 等人先后采用工具变量法(将各国的法律渊源作为金融中介发展的替代变量)和动态 GMM 方法进行估计。计量结果表明，金融中介的发展同时促进了 GDP 增长和 TFP 增长，但对资本积累和私人储蓄率的影响不明确。这与 Schumpeter(1912)的观点相一致。

Rioja 和 Valev(2005)认为金融发展对经济增长的影响在不同的发展阶段具有不同的作用途径，发达国家主要通过影响生产率来促进经济增长，而发展中国家主要是通过资本积累促进经济增长。Rousseau 和 Wachtel(2011)发现近年来金融深化对经济增长的影响在下降，可能原因如下。第一，快速过度的金融深化削弱了银行系统的作用和带来通胀压力，但如果金融深化保持一个合适的度，则仍将对经济增长产生积极的作用。第二，在过去的 20 年里，金融市场的广泛自由化改变了"金融-增长"的基本结构关系。虽没有直接证据显示自由化对"金融-增长"关系的衰落负有直接责任，但不成熟的金融市场所导致的金融危机对此有间接的效应。第三，虽然在"金融-增长"关系逐渐弱化的这段时期里，证券市场得以快速发展，但没有证据显示证券市场的增长替代了信贷市场和银行的作用。这些分析都没有辩驳一个基本点——"金融发展水平越高的国家，增长率越快"。

为解决金融发展与经济增长之间的内生性问题，部分学者开始采用自然实验的方法来重建"金融-增长"关系，如 Butler 和 Cornaggia

(2011)采用美国2005年能源政策法案实施、原油价格上涨和联邦税收激励等外生环境变化导致玉米需求量外生性增长的背景,研究美国县级水平的生产率对金融可获得性水平的反映。实证研究表明,银行存款水平较低的县不能如其他县一样增加玉米产量,从而证明金融可获得性促进了生产率的提升。

以上文献主要对金融发展促进经济增长的途径进行了有益的探讨。学者们通过构建数理模型或者进行经验分析的方法,试图寻找金融发展促进经济增长的方式:资本积累抑或是生产率促进。但越来越多的研究表明,促进经济长期增长的引擎来源于生产率的提升,而非物质资本的积累(Solow,1957;Mankiw et al,1992;Krugman,1994;Hall & Jones,1999)。那么,对"金融-增长"更有意义的研究应在于金融是否促进了生产率的提升,作用机制是什么?随着对全要素生产率影响因素研究的深入和金融发展理论的进一步升华,已有学者开始积极寻找连接这两种理论的切入点,并对金融发展影响全要素生产率的作用机制进行了有益的探讨。

二、金融发展与全要素生产率的研究综述

在经济发展过程中有一个很值得注意的现象:在市场一体化进程日益加快的前提下,地区间的经济增长差距依然较大并且持续存在。为什么落后地区不能实现赶超?为什么全国经济增长不能趋同?根据索洛的增长模型框架,可以用物质资本、人力资本和全要素生产率(TFP)三个基本要素解释地区间经济增长的差距。传统古典经济增长理论指出,地区要素积累的差异是导致地区间经济增长趋异的重要原因。但这一理论受到诸多学者的怀疑。首先,根据资本报酬递减规律,经济发达地区(要素投入较大)的资本边际报酬将小于经济欠发达地

区的资本边际报酬,因此资本将从发达地区流入欠发达地区,最终会弥补欠发达地区的要素缺失,从而促使地区经济趋同。其次,人力资本对经济增长的贡献程度较低,不足以解释地区间巨大的经济增长差异(Bils & Klenow,2000)。因此,以 Romer 为代表的内生增长理论支持者认为,TFP 是影响长期经济增长的唯一源泉,地区增长差异只能由 TFP 差异解释。Prescott(1998)、Hall 和 Jones(1999)、Klenow 和 Rodriguez-Clare(1997)等学者的研究证明了上述论点,他们在增长模型框架下对国家经济差距的来源进行了分析,并取得了一致性的结论:要素积累(物质资本、人力资本及无形资本)并不能解释全球经济增长及人均收入的差距,只有 TFP 才是能够解释这些问题的真正因素。随后的研究进一步论证了以上结论。Easterly 和 Levine(2001)的实证研究证明技术进步能解释60%的人均 GDP 增长。Kogel(2005)的核算表明,TFP 能解释世界各国经济增长差距的87%。Erosa 和 Cabrillana(2008)发现,较低的 TFP 水平是落后地区出现的一般性特征。傅晓霞和吴利学(2006)的核算结论显示,1990年以后全要素生产率对中国地区差距的作用持续提升,将成为今后地区差距的关键性决定因素。

尽管大量研究文献都认同 TFP 的差异是造成跨国经济增长总量和增长速度差异的主要原因,但对于影响 TFP 增长速度的因素却未达成一致意见。Hall 和 Jones(1999)从制度、政策因素和社会基础设施等角度探讨造成 TFP 差异的源泉。Acemoglu 和 Fabrizio(2001)从技术不匹配的角度解析跨国 TFP 的差异。还有部分学者从制度、人力资本、国际贸易等方面对此进行了解释。但近年来,金融发展对 TFP 的影响受到了学者们的广泛关注。针对转型经济体和发展中国家普遍存在的信贷约束现象,学者分析不完全金融市场对全要素生产率所造成的损失或金融发展对全要素生产率的促进作用(Amaral & Quintin,2005;

Jeong & Townsend, 2007; Buera et al, 2009; Midrigan & Xu, 2010)。在现有文献中,金融发展对全要素生产率的影响主要通过促进技术进步和优化资源配置两个渠道来实现。

1. 金融发展与技术进步

关于金融发展对技术进步影响的研究主要分成两类:一类是金融发展对自主创新的影响;另一类是对先进技术模仿、吸收的影响。

熊彼特(1912)对金融发展与技术创新提出了两个影响深远的观点。一是企业家的创新活动是由其对暂时性垄断利润的追逐所驱动的。这是熊彼特最著名的观点。他认为,企业家作为资本主义的灵魂,其职能就是实现创新。二是经济发展的核心问题在于满足新企业的信贷需求,银行家对新企业、新技术的选择起着决定性的作用,因此,银行家可以通过向企业家提供信贷的方式来支持技术创新。还有一些学者强调金融机构通过对企业家技术创新努力程度进行监督,以防止道德风险问题的发生。Fuente 和 Marín(1996)认为,金融中介通过对收集信息、提供风险分担和便利资源流向风险性的技术创新活动,促进技术创新和技术进步。而且,实体经济的增长,通过要素相对价格的变化(资本租金下降),提高了金融中介信息收集的收益,进而对金融发展起到促进作用。因此,从这个角度来看,金融发展与经济增长之间是互相促进、互为因果的。Saint-Paul(1992)从金融市场的风险分散功能出发,分析了金融市场、技术选择和经济增长之间的关系。他认为,在金融市场不存在的条件下,经济主体为规避风险,只能选择专业化程度较低且生产率较低的技术(分散化技术);而在金融市场存在的条件下,经济主体可以选择专业化程度高且生产率高的技术(专业化技术)。部分学者认为,金融发展主要是通过支持国内研发投资来直接促进全要素生产率增长的(Romer,1986;Aghion & Howitt,1992)。Gorodnichenko

和 Schnitzer(2011)发现,在新兴市场和转型经济体里,外资企业比国有企业生产率更高,且它们之间的差距并不会随着时间的流逝而消减。即使将样本限制为本土跨国公司和控制初始生产率后,该现象依然存在。导致这一现象的主要原因在于国有企业比外资企业面临更紧的融资约束,国内高的外部融资成本抑制了国有企业的技术创新行为,阻碍了国有企业向技术前沿收敛,从而对生产率和增长形成拖累。

国际技术外溢是促进技术进步的另一重要方式(Coe & Helpman,1995;Eaton & Kortum,1996),但国际技术外溢并不能自动转换成国内技术进步,外溢程度归根结底取决于东道国本身的吸收能力。而金融发展水平是影响一国技术吸收能力的重要因素之一。研究开放环境下金融发展对技术进步的影响,也尤为重要。Alfaro等(2004)认为,东道国的金融市场效率是影响其吸收能力的关键因素。由于东道国国内具备企业家精神的创业者必须要为利用外资企业的先进技术支付一大笔初始固定成本,因此东道国国内金融市场的运行效率将决定创业者能否获得贷款以支付这笔固定成本。他们认为,金融市场效率的提高,将降低企业家利用国外先进技术的门槛,促进自主创业,从而提高技术外溢程度和技术进步水平。Niels和Lensink(2003)认为,当地企业的技术模仿、创新过程需要资金支持,而金融部门通过改善资源配置和提高投资效率等渠道影响了国内企业的技术模仿效应。

国内关于"金融发展-全要素生产率"的研究较少。任永菊和张岩贵(2003)认为,中国的信贷市场促进了FDI(外商直接投资)潜力的发挥。李建伟(2007)利用时序数据和面板数据,从技术进步和产业关联两个方面证实了金融深化、金融市场资源配置效率的提高以及地方金融市场信贷规模的扩大,有助于增强FDI对经济增长的促进作用。李国民和王秋石(2007)发现,间接融资市场发展较好的地区,FDI对当地经济的增长有很明显的正溢出效应。孙力军(2008)认为,金融发展有利于吸引外商直接投资,为外资企业提供金融服务,将潜在的溢出效应转化为现实生产力,显著地促进了经济增长。陈刚和李树(2009)通过基于DEA(数据包络分析)的经济增长模型框架将中国28个地区的劳均GDP增长分解为劳均资本积累、技术进步和技术效率改善三个部分的贡献,然后采用GMM动态面板回归技术分别检验了中国28个地区1994—2003年的数据,发现金融发展显著加速了劳均资本的积累,却阻碍了技术进步和技术效率的改善。钱水土和周永涛(2011)以中国2000—2008年28个地区数据为样本,运用残差结构一阶自相关的固定效应面板数据方法估算各个地区的金融发展水平,然后运用两步GMM系统估计方法检验了金融发展、技术进步与产业升级三者之间的关系。结果发现,在控制了相关变量后,金融发展对技术进步和产业升级都具有正向的促进作用。

2. 金融发展与资源配置

针对各国生产率存在较大差异的现实,自21世纪起,诸多学者提出了一个更有趣的解释框架:各国TFP的差异并不是简单地由人均生产率的效率差异所导致,同时由最有效率的生产单元取得必需的资本和劳动力的效率差异所决定,资源是否合理配置对全要素生产率有极其重要的影响(Bartelsman & Doms,2000;Hsieh & Klenow,2009;Bartelsman et al,2009;Restuccia & Rogerson,2008),发展中国家较低的生产率可以用生产单位间的资源误置解释(Restuccia & Rogerson,2008)。在研究"金融-生产率"联系的早期文献中,大部分学者已将金融系统的资源配置作用作为金融促进生产率提升的作用机制之一(Schumpeter,1912;Bencivenga & Smith,1991;King & Levine,1993a,b;Li,2011)。但在21世纪之前,关于金融系统的再配置效应一般是从理论上进行作用机制的描述,没有对再配置效应的程度进行计算。最近,随着"扭曲"理论的兴起(Restuccia & Rogerson,2008;Hsieh & Klenow,2009;Bartelsman et al,2010)及计量工具的发展,部分学者开始测算金融发展滞后对全要素生产率所造成的损失,并提出发展金融市场、促进生产率提升的政策建议。

Buera 和 Shin(2010)、Aghion 等(2003)以及 Greenwald 等(1990)探讨了金融摩擦导致资源无效配置的渠道,构建了描述金融限制导致资本在不同生产率的企业间错误配置的模型。Fisman 和 Love(2003)沿用 Rajan 和 Zingales(1998)的方法考察了金融发展在短期和长期内的配置效应:在短期内金融发展水平高的经济体将资源配置给最有利可图的产业(与增长冲击相关,与产业的内在属性无关),在长期内配置给对外部资金有"天生"依赖性的产业(通常是 R&D(研发)和技术投资程度高的产业)。Hartmann 等(2007)测度了资本在各经济部门间的再配置指数,并就金融发展水平对该指标进行回归,发现金融发展能加速资本向更有利可图的方向流动。Dollar 和 Wei(2007)等学者认为金融摩擦导致金融资源错配,如果重新更有效率地配置金融资源,可使中国GDP 增长 5%。

Nourzad(2002)和 Arestis 等(2006)认为金融发展降低了生产的技术无效率,从而促进了生产率提升;Méon 和 Weill(2010)对 1980—1995 年间 45 个国家的技术效率[①]进行测算,并验证金融发展与技术效率之间的关系。他们发现,只有在经济发展达到一定水平的国家,金融发展才会促进技术效率改进;在门槛值之下的国家,金融发展与技术效

---

① 技术效率是指在使用相同投入品的条件下,一国实际产量与最优产量之比。Méon 和 Weill(2010)运用随机前沿函数对此进行了测算。

率之间的关系不显著,甚至负相关。与 Rioja 和 Valev(2004)的结论相似。

Erosa 和 Cabrillana(2008)对穷国具有的一般性特征进行了总结:一是无效率技术的使用;二是较低的 TFP;三是各产业间人均产出存在较大差异;四是经济体中劳动生产率最低的部门占有很高的就业份额;五是穷国与富国之间相对价格存在较大的差异。而不完全金融市场中较低的契约执行力度通过影响对企业家的选择进而对企业发展和以上一系列特征产生作用。Li(2008)通过数理模型构建和校准的方法对美国制造业部门生产率增长进行分解,发现生产单元之间的资源配置对生产率的增长扮演着重要的角色,扭曲的金融市场造成的高昂外部融资成本阻碍了资源再配置进程,对生产率造成了 1% 的损失。但在研究中,Li(2008)假设不同类型的企业面临着同质的金融扭曲,而忽略了金融歧视的现象(即不同规模、所有制、年龄的企业面临金融扭曲的程度不同)。

Arizala 等(2009)认为,随着金融系统的发展,金融摩擦减少,资本重新配置的信息和交易成本下降,TFP 上升。他们沿用 Rajan 和 Zingales(1998)的方法,使用国家金融发展水平与产业外部资金依赖度的交互项分别对产业增加值、资本和 TFP 进行回归,发现交互项的系数均显著为正,说明金融发展同时通过加快资本积累和提升生产率的机制促进经济增长。金融发展每增长一个标准差,TFP 增长 0.6 个百分点,但宏观经济波动削弱了金融发展提升 TFP 的有效性。Buera 和 Shin(2010)发现金融摩擦不仅扭曲了生产要素(资本和创业人才)的配置,同时放慢了再配置的速度,从而对生产率提升产生负面影响。Midrigan 和 Xu(2010)等学者认为金融摩擦对 TFP 的影响无论是从数学模型求解还是运用韩国的微观数据进行分析的计量结果来看,都微乎其微,但他们也并未彻底否认金融发展对 TFP 的影响。Greenwood 等(2013)通过校准的方法测算出,如果世界上全部国家都采用最好的金融体系,世界 TFP 将上升 17%～33%,产出将增长 65%～88%。

Chiu 等(2011)更关注的是金融发展对"知识"这种特殊的生产要素的再分配问题。他们建立了一个关于"R&D 投入-新知识增长-生产率提升"的内生增长模型,并假设新知识的创造者可能与其执行者(企业家)出现分离。[①] 但知识交易市场普遍存在的各种摩擦,如搜寻匹配、讨价还价("敲竹杠")和委托问题,阻碍了知识在创造者与执行者之间的重新配置,导致知识利用的无效率。金融中介改善了这些摩擦,从而促进了知识在各代理者之间的再配置,间接促进了经济的增长。

国内对此方向的研究起步较晚。黄亚生(2005)发现,在中国的转型经济中,金融资源通常是按照"政治主从次序"来配合的,先给政治地位相对较高但效率相对较低的国有企业,然后给次高的集体企业,最后给最有效的私人企业。金融体系的资源配置效应十分有限。米运生和谭莹(2007)通过分析产出增长率变化对资本增长率变化的影响,对我国 1994—2005 年间的信贷资金配置效率进行了实证研究,发现我国宏观经济严重依赖银行信贷,信贷资金的配置效率却差强人意。区域层面的信贷资金配置效率并无实质性差异,而省际层面的信贷资金配置效率差异则非常显著。范学俊(2008)选取 1992—2005 年间上市公司层面的季度数据,检验了金融自由化政策对以托宾 Q 值作为衡量指标的资本配置效率的影响,指出金融自由化政策对于提高我国的资本配置效率有积极影响,但就整体而言,金融体系对我国资本配置效率的贡

---

① 知识创造者具备的企业家才能并不一定能使该新知识发挥最大的商业价值,因此各代理者按照其比较优势专业化于新知识的创造或执行。

献仍极为有限。应千伟等(2010)采用2001—2007年间我国上市公司年度数据检验了2004年利率改革对微观资本配置效率的影响,研究结果表明,2004年以来我国上市公司的微观资本配置效率在短期内不升反降,且在金融发展水平较低的地区下降得更为明显,这主要源于贷款利率上限取消在短期内导致的逆向选择效应。

3. 文献述评

综上所述,"金融发展对全要素生产率的影响研究"是"金融发展与经济增长的关系"等相关研究的延续和拓展,它侧重于考察金融发展影响经济增长的作用机制。现有文献在金融发展指标度量、作用机制探索方面为本书奠定了一定的研究基础,但仍存在以下不足。第一,理论假设与结论不一致。现有文献从金融功能论出发,指出金融发展对全要素生产率的促进作用源于对技术创新行为融资约束问题的缓解。根据理论假设背后隐藏的含义可以做出如下推断:随着金融体系的发展与完善,技术创新行为的融资约束问题将得以缓解,对金融发展的依赖性减弱。那么,金融发展对全要素生产率增长率的促进作用应该递减。但据笔者所知,现有相关文献结论几乎一致认为金融发展对全要素生产率增长率的效应呈现线性关系,这一结论与理论假说不一致,而没有学者给出合理的解释。第二,尽管大部分学者认同金融发展通过优化资源配置的方式促进了全要素生产率的增长,但较少学者直接对这一效应进行实证研究。在相关研究中,研究焦点集中于金融摩擦对资本配置效率的恶化作用,使用的研究方法多为数值模拟和校准,而没有直接从实证研究的角度,探索金融发展对资本配置效率的优化效应。第三,鲜有学者在统一的框架下,对金融发展影响全要素生产率的作用机制进行系统的考察。尽管有部分学者分别从技术进步和优化资源配置两条路径研究金融发展影响全要素生产率的作用机制,但缺少系统论证的相关文献。本书将在现有文献的基础上,从金融发展的角度探索全要素生产率的演变路径,并试图改进现有文献的不足。

第三节 研究思路、研究方法及创新点

一、研究思路

本书首先在熊彼特增长模型框架下构建一个金融发展影响全要素生产率的理论框架,通过理论模型推导的方法寻找金融发展对全要素生产率的总效应及其主要的作用机制,为本书奠定理论基础。其次,选取合适的度量指标和度量方法对当前中国金融发展现状和全要素生产率变量进行度量,并从统计上对两者之间可能存在的关系进行初步判断,为从实证研究的角度研究金融发展对全要素生产率的影响提供基础。再次,利用实证研究的方法,对金融发展对全要素生产率及其增长率的影响效应进行分析,为相关理论推导结论提供经验证据。最后是对金融发展影响全要素生产率的作用机制进行实证检验的环节,并分别从金融发展对技术进步(技术外溢和创新能力建设)及资本配置效率影响的实证研究等方面展开。

二、研究方法

本书在金融发展理论、宏观经济学及发展经济学等相关理论的指导下,对金融发展对全要素生产率的影响及作用机制进行研究,在论证过程中采用的主要研究方法如下。

(1) 定量测度。选取合理的度量指标及方法分别对中国各地区的金融发展水平、全要素生产率及资本配置效率指标进行度量分析。从定量测度的角度对相关情况有一个直观的了解，且为下文的实证研究环节奠定基础。

(2) 数理建模。在熊彼特增长模型框架下，运用数理建模推导的方法，找出金融发展影响全要素生产率的作用机制，并推导出金融发展对全要素生产率及其增长率的总效应。

(3) 实证检验。在本书第四至七章利用实证研究的方法对金融发展对全要素生产率的总效应及作用机制进行检验。在相关理论指导下，通过构建合适的计量模型进行检验，文中使用的主要计量模型包含一般线性面板模型、动态面板模型、空间计量面板模型及门槛回归模型等；使用的估计方法有普通 OLS 估计法、工具变量法、一阶差分 GMM 估计法、系统 GMM 估计法、空间计量及门槛估计法等回归方法。

(4) 比较分析法。将全部样本按照金融发展程度划分成中低水平地区及高水平地区两个子样本，进行回归分析，并比较在不同的子样本中，金融发展对全要素生产率增长率的影响。

三、创新点

本书的主要创新点主要体现在以下几个方面。

(1) 采用一种新视角：分别从金融规模发展及金融效率发展两个维度考察金融发展对全要素生产率的影响。现有文献大都只从某一维度考察金融发展对全要素生产率的影响，具有一定的片面性。本书从金融规模发展和金融效率发展两个维度分析金融发展在全要素生产率演变路径中的作用，并对两者的效应进行分析和比较，可以为下一步金融改革指引方向。

（2）发现一个新规律：金融发展对全要素生产率增长率的促进效应呈现递减趋势。在已有文献中，仅发现金融发展对全要素生产率增长率的促进效应，本书对此进行了进一步的推进：金融发展对全要素生产率增长率的影响可以用一个递增的凸函数来描述：随着金融发展程度的提升，全要素生产率增长率的增长速度呈现递减趋势。当金融发展达到某一临界值时，在其他条件保持不变的情况下，全要素生产率将保持固定速度增长，金融发展对全要素生产率增长率的边际效应为0。

（3）使用一种新方法：在知识生产函数框架下，使用最新发展起来的空间计量模型对金融发展的创新效应进行实证研究。地区创新能力建设受到邻近区域创新能力的影响，在不考虑地区间创新行为的联动性的情况下，对金融发展的创新效应进行实证研究的结论是有失偏颇的。本书利用最新发展的空间计量模型考虑创新的空间效应，将得到更可信的结论。

（4）使用门槛效应模型检验金融发展对技术外溢的非线性影响。在门槛效应模型框架下，以金融发展指标为门槛变量，对FDI和国际贸易的技术外溢效应进行重新检验。现有文献一般使用交叉项的方法检验金融发展对FDI和国际贸易技术外溢效应的影响。这一方法存在共线性强、门槛临界值不准确等缺点。使用门槛效应模型进行重新检验，有利于准确估计金融发展的门槛值，且有利于准确分析不同金融发展水平下，FDI和国际贸易对东道国带来的技术外溢效应。

（5）使用实证研究的计量方法，直接检验金融发展对资本配置的优化效应。借鉴Wulger(2000)的方法，对中国各地区各年度的资本配置效率进行度量。在此基础上，将金融发展指标对资本配置的效应进行回归分析，以得出直观的结论。

第四节
研究内容及结构安排

一、研究内容

金融体系作为现代经济体系的核心,在全要素生产率的演变路径中发挥着重要的作用。本书旨在探索金融发展对中国全要素生产率的影响,并剖析其作用机制。本书余下章节的安排如下。

第二章主要从理论分析的角度深入剖析金融发展对全要素生产率的影响及其作用机制。在准确把握金融发展概念的基础上,从金融发展缓解技术升级型投资项目的融资约束等角度出发,分析金融发展影响全要素生产率的理论机制。在理论模型构建中,将金融发展变量引入熊彼特增长模型框架,分析金融发展通过缓解技术升级型投资项目的融资约束问题,继而影响该类项目的内生成功概率和资本配置效率,并最终形成对该国全要素生产率及其增长速度产生影响的作用路径。

第三章旨在对当前中国各地区的金融发展现状及全要素生产率水平进行度量,并对两者关系进行统计上的分析。首先对现有文献中金融发展的指标进行梳理,通过选择合理的度量指标,对中国全国水平上的金融发展程度及地区金融发展程度进行度量。其次选择合适的计算方法对中国各地区全要素生产率进行度量。对金融发展与全要素生产率的度量为定量分析金融发展对全要素生产率的影响及其作用机制奠定了基础。最后用散点分布图和趋势线等方法对两者关系进行初步判断,从统计上描述金融发展与全要素生产率变量的变动趋势是否具有一致性。

第四章是考察金融发展对中国全要素生产率影响效应的重要章节。从实证研究的角度,利用中国省级层面的面板数据,分别从金融规模发展及金融效率发展两个维度,探索金融发展对中国全要素生产率及其增长速度的影响,为第三章理论研究的结论提供现实依据。

第五至七章是考察金融发展影响中国全要素生产率作用机制的重要章节。

第五章主要从实证研究的角度探索金融发展对技术外溢效应的影响。首先,对金融发展影响技术外溢的理论基础进行深入剖析。其次,将金融发展与FDI或国际贸易的交叉项纳入计量模型,分析金融发展对FDI和国际贸易的技术外溢效应。最后,利用门槛回归模型,直接考察在不同金融发展水平下,FDI和国际贸易的技术外溢效应。

第六章主要从实证研究的角度探索金融发展对创新能力建设的影响。首先,在知识生产函数框架下,构建金融发展影响创新能力建设的计量模型;其次,利用OLS方法估计金融发展对创新能力建设的影响;最后,在考虑地区间创新知识溢出的情况下,利用空间计量模型对金融发展对创新能力建设的影响进行重新检验,以得出稳健的计量结果。

第七章主要从实证研究的角度探索金融发展对地区资本配置效率的影响。选择合适的度量指标,对地区资本配置效率进行度量。在此基础上,利用中国省级层面的面板数据,对金融发展对地区资本配置效应的影响进行实证研究。

第八章是对全书的总结及就该论题提出今后的研究方向。

二、结构安排

本书结构框架图如图1.1所示。

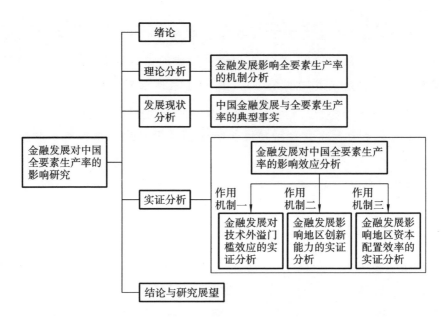

图 1.1 本书结构框架图

第二章

金融发展影响全要素生产率的机制分析

　　金融体系作为现代经济体系的核心,它对国民经济发展的支撑作用受到了大部分学者的认同。一般认为,金融体系的完善与发展在经济增长过程中扮演着重要的角色。但新古典经济学指出,全要素生产率是促进经济长期增长的唯一源泉。那么,金融发展理论领域中更为关键的问题为:金融发展是否促进了全要素生产率的增长?它的作用机制是什么?本章将在准确把握金融发展概念的基础上,对金融发展影响全要素生产率的微观机制进行分析,然后从数理推导的角度探索金融发展对全要素生产率的影响及其作用机制。

第一节
金融发展的概念

金融发展主要指金融体系的进一步完善与发展。金融体系是一个促进资金融通的基本框架,是由金融市场、金融中介、金融基础设施及金融监管[①]等各种金融要素组成的有机集合体。尽管关于金融体系在现代经济体系中的核心地位得到了学者们的广泛认同,但"何谓金融体系的完善与发展"、"金融发展的具体表现形式是什么",这些问题并未取得一致结论。从现有文献来看,可以从金融结构论和金融功能论两个角度对金融发展的概念进行界定。

基于金融结构论的观点认为,金融发展一般指金融结构的变化。金融结构主要包含以下几个方面:一是组成金融体系的各种金融要素(主要指各种金融工具和金融机构)的形式、规模以及组成结构;二是金融资产与实物资产的相关规模,这反映的是整个金融体系相对于经济体系的发展规模;三是金融资产与负债在各种金融要素中的分配关系。Goldsmith(1969)等学者指出,金融发展水平的提升可表现为金融资产相对于全部实物资产比重的提升,以及直接融资等金融工具在金融体系中所占比重的提升等。

基于金融功能论的观点认为,金融体系的基本功能在于以金融市场和金融机构等为媒介,对金融资源进行市场化配置,从而实现将整个社会资源在各个生产部门进行优化配置(牛凯龙,2005)。为生动描述

---

① 由于金融体系的风险性特征及其对实体经济的波及程度较大,政府对金融体系的监管与控制,在制度上为金融体系的运行提供保障。从这个角度来看,金融监管也构成金融体系的一个重要组成部分。

金融体系的功能,Hartmann(2007)曾这样描述现实经济运行可能出现的情形:第一,企业观察到可获利的真实投资机会,但缺乏足够的内部资金;第二,家庭在生命周期的某一阶段获得的收入大于消费需求,在退休时却有较少的收入来源;第三,政府在经济衰退时期需要利用其他部门的储蓄增加投资。而金融体系可以理解为金融市场、中介和基础设施的集合,以金融中介和金融市场为媒介,家庭、企业和政府可以为它们的活动融资和为它们的储蓄寻找合适的投资机会(Hartmann et al,2003)。金融体系作为衔接企业、个人和政府等各种生产主体资本交换的纽带,通过平衡家庭、企业和政府三者之间的资金需求和供给,达到促进经济增长的目的(Hartmann,2007)。因此,从这个意义上讲,金融体系的发展与完善,应该表现为金融体系的功能能够得到有效的发挥,这主要体现在金融体系对金融资源配置的流向上。

综合金融结构论及金融功能论的观点,金融发展主要包含金融规模发展和金融效率发展。金融规模发展主要从金融体系本身结构的变化来反映金融体系的发展路径,而金融效率发展主要从金融体系功能发挥的有效程度来反映金融体系的发展路径。因此,金融规模发展和金融效率发展分别从金融体系发展的现象和本质两个维度对金融发展进行描述与分析。

第二节 金融发展影响全要素生产率的微观机制

根据后发优势及国际技术转移理论,国家间生产率将呈现出收敛趋势。但在实际的经济增长进程中,国家间生产率的差异持续存在,且并未随着经济全球化的日益融合呈现出收敛趋势。部分学者从技术不匹配、知识产权保护等因素出发对这一现象进行了解释。本章认为技术升级行为(包含创新与国外技术引进或模仿)面临的融资约束是妨碍一国全要素生产率提升的重要原因。

一、技术升级行为的融资约束问题

在自由竞争市场领域,与一般投资项目相比,技术升级型投资项目面临更紧的融资约束问题(Hall & Lerner,2010)。这主要因为该类项目存在以下内在特征。

(1) 逆向选择问题。潜在投资者与技术生产者之间存在严重的信息不对称。与潜在投资者相比,技术生产者掌握着更多有关项目成功概率及相关特性等信息。这导致该类项目的融资市场类似于阿克洛夫提出的"柠檬市场"。在这一市场内,投资者很难区分好项目与坏项目,为保证收益,他们不得不对技术升级型投资收取高于其他普通投资的"柠檬溢价"。而在柠檬市场的极端情况下,不对称问题将产生足够大的影响——技术投资项目的融资市场完全消失。

(2) 道德风险问题。技术升级型投资项目的道德风险问题主要发生在两组不同的主体之间,第一组主体是技术生产者与外部投资者,第二组主体是企业所有者与经营者。第一组产生的道德风险问题表现在一旦技术生产者获取债务融资后,他们将更容易将低风险项目替换成高风险项目,这种事后行为改变的道德风险导致债权人不愿给技术生产者融资。第二组产生的道德风险问题由所有者与经营者之间委托代理问题产生。通常情况下,所有者追求企业的快速成长,但风险厌恶型的经营者则会尽量避免创新等技术升级型投资行为。

(3) 技术升级型投资项目的收益不确定性导致更高的外部资金使用成本。技术升级型投资项目产出的不确定性随着项目的发展呈现出动态变化的趋势,这导致外部投资者难以运用风险调整法则对其进行有效评估。因此,为了保证风险与收益的均衡性,外部投资者将要求风险升水。在这种情况下,企业家投资自有资金所要求的回报率与外部投资者的期望回报率之间存在较大的差距,这可能导致技术生产者因不能达到外部投资者的期望回报而不能获取足额的外部资金,或者即使成功融资,也将产生高额成本(Hall & Lerner,2010)。因此,除非技术生产者足够富有或企业拥有足够的利润,大部分技术都将因为外部资本成本过高而不能被成功创造。

(4)技术密集型企业资产结构的弱杠杆性恶化了融资约束问题。在债务市场上,风险型企业的债务融资行为必须进行资产抵押(Berger & Udell,1990)。但相对于其他投资而言,技术资产的专用性较强且大部分以无形资产的形式存在,这造成其内在可抵押价值较低,从而在很大程度上限制了债务的使用。

另外,技术升级型投资项目还面临着更大的初始成本、更长的投资周期、更大的内在风险和沉没成本及更短的收益期等特点(Lyina & Samaniego,2011),这将导致该类项目需要更多的长期资金,也进一步恶化了技术密集型企业的资本状况。

二、金融体系促进全要素生产率提升的作用机制

在融资约束条件下,一国技术升级型投资将严重不足,这阻碍了全要素生产率的提升。金融体系通过储蓄动员、信息收集处理与分析、风险分散及激励监督与约束等功能的发挥,在较大程度上缓解了技术投资性行为的融资约束问题,从而促进技术升级型投资项目的发展。

(1)储蓄动员。技术升级型投资项目(包括创新和国外技术引进或模仿)需要大量的长期资本,但出于对流动性的偏好,投资者一般会

选择短期投资项目,从而造成技术投资项目的资金投入不足。良好的金融体系通过将储蓄者的零散资产集中起来,并将其部分转化成长期信贷资本的方式有效地解决了长期资本供给不足的局面。

(2)信息收集、处理与分析。信息不对称所造成的逆向选择和道德风险问题是造成技术升级型投资项目融资约束的重要原因之一。对于单个投资者而言,收集和分析项目信息(特别是技术投资项目)需要花费大量的时间、精力和高额的成本,从而阻碍了他们对好项目的投资决策判断。但良好的金融体系具有信息生产优势,其通过集中收集及运用专业知识规模化处理企业财务状况、经营状况、技术水平及市场前景等项目相关信息,有利于降低信息生产成本,并准确判断某个具体投资项目的内在价值,这在很大程度上解决了技术升级型投资项目的信息不对称问题,从而促使资本向有价值的项目流动。

(3)风险分散。相对于其他项目而言,升级原有技术或采用新技术面临着更大的风险。而金融体系通过将持有期限不同或风险程度不同的投资项目进行组合,实现了风险的横向分散和跨期分散,并通过建立金融市场缓解了投资长期项目的流动性风险问题。此外,金融体系分化资本风险的自然属性,减少经济部门的劳动分工风险,并促进了劳动分工深化,这促使经济主体选择高生产率、高市场需求风险的专有技术。

(4)激励、监督与约束。良好的金融市场通过与技术升级型投资项目签订金融契约,对投资活动进行事前评估和事中、事后监管,有利于激励和监管技术生产者的努力,从而提升该类投资活动的成功概率。金融中介作为外部监督者,在付出一定的监督成本后,可以督促企业家付出最优努力水平,从而提升创新活动的成功率(Fuente & Marín,1996)。随着监督成本的下降,金融中介将提供更多的优惠贷款给更高水平的技术投资性活动,这降低了该类项目的资金使用成本。

Blackburn和Hung(1998)指出,R&D行为是私人信息,为避免偿还贷款,企业存在隐藏R&D行为成功信息的动机。为确保企业"说真话",金融体系必须设计激励相容的贷款合约,但合约执行必须支付昂贵的监督成本,这将导致金融体系对R&D行为的贷款激励减少。而金融发展将导致金融中介可分散在大量项目中,这将显著减少监督成本,因此激励了R&D行为和经济增长。Aghion等(2005)承接了Blackburn和Hung(1998)的假设,他指出,债权人保护程度越低,企业采取欺诈行为的成本越低。这一现象在侵蚀金融体系收益的同时,将严重限制创新行为的金融获取渠道,从而抑制了创新行为。但金融发展将提供更好的法律和制度,从而增加了企业的隐藏成本。债权人利益得以保证,将有利于R&D行为有效信贷的增加,从而促进R&D行为的执行。

总之,技术升级型投资项目面临的融资约束问题导致该类项目的投资水平低于最优投资水平,从而阻碍了全要素生产率的增长。而金融体系功能的发挥在较大程度上降低了融资约束问题造成的全要素生产率损失。基于这一思想,本章第三节将构建纳入融资约束的熊彼特增长模型,并在金融发展缓解融资约束的理论指导下,运用数理模型分析的方法分析金融发展对全要素生产率的影响。

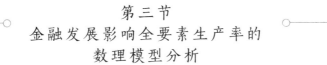

第三节 金融发展影响全要素生产率的数理模型分析

在Aghion等(2003)和Acemoglu等(2006)构建的模型的基础上[①],

---

① Aghion等(2003)和Acemoglu等(2006)构建的模型主要考察国家间生产率及人均GDP增长速度的收敛情况。本书将重点考察长期均衡中国家生产率的增长路径,并分析金融发展在这一过程中的作用。

本节构建了一个离散时间的熊彼特增长模型。模型假设全要素生产率的发展取决于技术升级型投资项目的成功概率,而后者由项目面临的融资约束条件内生决定。金融发展程度通过缓解信息不对称问题(以提升技术生产者的隐藏成本为表征)和降低资本使用成本等途径在一定程度上解决融资约束问题,从而决定了项目的成功概率,并最终作用于全要素生产率的演变路径。在此框架下,通过数理模型的推导验证了金融发展影响全要素生产率的作用机制及总体效应。

一、基本假设

模型假设经济体由以下三个部门组成:①最终产品部门;②中间产品部门;③金融部门。其中,经济体中只有一种最终产品和多种中间产品,最终产品和中间产品的生产只能由相对应的部门提供。金融部门为最终产品和中间产品的生产提供融资。借鉴 Aghion 等(2003)的思想,一国中间产品部门的平均生产率代表了该国的平均生产率。模型假设经济体中有 m 个国家,各国间不能进行要素和商品交换,但所有国家均可观察到世界前沿技术并进行模仿。每个国家拥有固定的劳动者数量 L,每个劳动者能无弹性地提供劳动。

1. 最终产品部门的生产函数

最终产品由劳动和一系列中间产品进行生产,其总量生产函数可表示为:

$$Y_t = L^{1-\alpha} \int_0^1 A_t(i)^{1-\alpha} x_t(i)^\alpha \mathrm{d}i \qquad (2.1)$$

其中,Y_t 表示 t 时期最终产品的总产出;$x_t(i)$ 表示 t 时期用于生产最终产品的第 i 种中间产品的数量;$A_t(i)$ 表示第 i 种中间产品部门的生产率;$0<\alpha<1$。为不失一般性,本书将最终产品数量和劳动者数量

标准化为 1。最终产品在完全竞争市场进行生产,因此每个中间产品的价格等于它的边际收益,由此可知中间产品的反需求函数为:

$$P_t(i) = \alpha \left[\frac{x_t(i)}{A_t(i)}\right]^{\alpha-1} \tag{2.2}$$

2. 中间产品部门的技术进步

技术进步主要来源于创新和基于世界前沿技术的模仿两个方面(Coe & Helpman,1995;Acemoglu & Zilibotti,1997)。因此,本书将中间产品部门的技术进步定义为这两种技术升级行为所带来的效应之和。借鉴 Acemoglu 等(2006)的思想,本书假定:若生产单位采取技术升级型的投资行为,且获得成功,则该生产单位的生产率可提升到 $\hat{A}_t(i)$:

$$\hat{A}_t(i) = \eta \bar{A}_t + \gamma A_{t-1}(i) \tag{2.3}$$

其中 $\bar{A}_t$ 表示 t 时期的世界前沿技术,并假设其以不变参数 g 的速度外生增长,即 $\bar{A}_{t+1} = (1+g)\bar{A}_t$;$\eta \bar{A}_t$ 表示企业通过模仿吸收世界前沿技术的路径提升生产率的思想;$\gamma A_{t-1}(i)$ 表示企业通过创新获得技术升级的思想。若企业只进行模仿吸收,则 $\gamma = 0$,且 $\eta > \frac{A_{t-1}(i)}{\bar{A}_t}$(满足技术的不可倒退性);若企业只进行创新,则 $\eta = 0$,且 $\gamma > 1$;若企业同时进行模仿吸收和创新,则 $\gamma > 0$,$\eta > 0$,且 γ、η 能满足 $A_{t-1}(i) < \hat{A}_t(i) < \bar{A}_t$。若企业技术升级型的投资失败,则保持 $t-1$ 时刻的生产率。假设企业技术升级成功的概率为 $\mu_t(i)$,则当企业采取技术升级型的投资后,其生产率的变化可表示为:

$$A_t(i) = \begin{cases} \hat{A}_t(i), & \text{概率为 } \mu_t(i) \\ A_{t-1}(i), & \text{概率为 } 1-\mu_t(i) \end{cases} \tag{2.4}$$

3. 技术投资的期望收益

在每个中间产品部门,中间产品的生产需要投入若干单位的最终产品。为简便计,假设生产率得以成功提升的企业可用 1 单位最终产品生产 1 单位的中间产品。该中间产品部门的其他企业能生产相同的产品,但他们面临着更高的生产成本——用 $\chi(\chi>1)$ 单位最终产品生产 1 单位的中间产品。由于生产该类中间产品的企业可自由进入和退出该中间产品市场,因此均衡状态下中间产品的价格等于成本 χ。结合该中间产品的反需求函数式(2.2),可知中间产品的需求为:

$$x_t(i) = (\alpha/\chi)^{\frac{1}{1-\alpha}} A_t(i) \qquad (2.5)$$

由于中间产品的同质性,生产率得以成功提升的企业只能接受既定价格 χ,因此,在均衡状态下,该企业可获得的利润为:

$$\pi_t(i) = (1-\chi) x_t(i) = \pi \hat{A}_t(i) \qquad (2.6)$$

其中 $\pi = (1-\chi)(\alpha/\chi)^{\frac{1}{\alpha}}$。由上式可知,当企业技术升级幅度越大时,获得的额外利润将越多。但若企业技术升级型投资失败,则获得的利润为 0。因此,进行技术升级型投资的企业所获得的期望利润为 $\mu_t(i) \pi \hat{A}_t(i)$。由于在均衡状态下,每个中间产品部门技术升级成功的可能性相同,即对于全部中间产品部门而言,$\mu_t(i) = \mu_t, \hat{A}_t(i) = \hat{A}_t$。

每个提升生产率的企业只有在支付一定的事前成本的前提下,才能进行前沿技术的模仿和创新。根据 Aghion 等(2003)的研究,可将这一事前成本的函数形式设定为:

$$N_{t-1} = \tilde{n}(\mu_t) \hat{A}_t = (\theta \mu_t + \delta \mu_t^2/2) \hat{A}_t \qquad (2.7)$$

其中,N_{t-1} 表示企业提升生产率必须支付的事前成本,这一成本与实现的生产率及保证其成功的概率正相关。当生产率越高时,企业向上提升生产率的难度越大,所需要支付的事前成本越多。为保证技术升级型投资成功的概率,企业也必须支付更多的事前成本。因此,进行技术投资的企业最终将获得的期望收益为:

$$\mu_t \pi \hat{A}_t - (\theta \mu_t + \delta \mu_t^2 /2) \hat{A}_t \qquad (2.8)$$

在均衡状态下,企业需要选择最优的成功概率以最大化期望收益。

二、一国的标准生产率

定义一国的平均生产率 A_t 为:

$$A_t = \int_0^1 A_t(i) \mathrm{d}i \qquad (2.9)$$

将中间产品的需求函数(2.5)代入最终产品的总量生产函数式(2.1)可得

$$Y_t = \zeta A_t \qquad (2.10)$$

其中 $\zeta = (\alpha/\chi)^{\frac{\alpha}{1-\alpha}}$(值得注意的是,前文已将劳动力数量标准化为 1)。

根据前文的分析,每个中间产品部门技术升级成功的可能性相同。因此,平均生产率可由下式表示:

$$A_t = \mu_t \hat{A}_t + (1-\mu_t) A_{t-1} \qquad (2.11)$$

将式(2.3)代入上式,平均生产率可表示为:

$$A_t = \mu_t \eta \bar{A}_t + (1-\mu_t + \mu_t \gamma) A_{t-1} \qquad (2.12)$$

对 t 时期该国的生产率按式(2.13)进行标准化处理,并将 a_t 定义为该国的标准生产率,它度量了该国相对于世界前沿生产率的距离。a_t 越大,表示该国生产率水平越接近世界前沿水平。

$$a_t = A_t / \bar{A}_t \qquad (2.13)$$

将式(2.12)左右除以$\bar{A}_t$,并变形可得:

$$a_t = \mu_t \eta + \frac{(1-\mu_t+\mu_t\gamma)}{1+g} a_{t-1} \qquad (2.14)$$

从上式可得,t 时期本国与世界前沿生产率之间的差距不仅受到上一时期差距和技术升级型投资的成功概率等因素影响,还受到企业对前沿技术的模仿(以 η 为表征)和创新行为(以 γ 为表征)的影响。

三、完全信贷市场下,标准生产率的收敛路径

在完全信贷市场条件下,企业不受融资约束的影响,它能以 r 的利率从金融部门或其他企业家手中获取全部需求资金。在均衡状态下,企业家将选择的最优概率可表示为:

$$\mu^* = (\pi - \theta)/\delta \qquad (2.15)$$

此时,企业的事前投资成本为:

$$N_{t-1}^* = n^* \hat{A}_t \qquad (2.16)$$

将式(2.15)代入式(2.12)可得:

$$a_{t+1} = \mu^* \eta + \frac{(1-\mu^*+\mu^*\gamma)}{1+g} a_t \equiv F_1(a_t) \qquad (2.17)$$

当该国进行创新时,假设 $1 < \gamma < \frac{\delta g}{\pi - \theta} + 1$,以保证该国创新获得的技术进步将促使其向前沿生产率收敛,但不会超越前沿生产率。因此,由上式可知,本国标准生产率的演变是一个收敛过程,在长期的经济运行中,该值将达到稳定状态,即 $a_t = a_{t-1}$。经计算,稳定状态下,该国的标准生产率可表示为:

$$a^* = \frac{\mu^* \eta (1+g)}{g + \mu^* - \mu^* \gamma} \qquad (2.18)$$

上式表明,稳定状态下,该国生产率与世界前沿生产率的差距不仅

与 θ、δ 等参数相关,还与企业技术模仿行为 η 和创新行为 γ 等因素相关。对式(2.18)求导可知:$\partial a^*/\partial \eta > 0$,$\partial a^*/\partial \gamma > 0$。这表明,随着技术模仿和创新活动的增加,该国生产率越来越接近世界前沿水平。另外,稳定状态下,该国的生产率增长速度 $(\frac{A_t}{A_{t-1}})^*$ 等于 g。这意味着在完全信贷市场环境下,该国生产率的增长速度将与前沿生产率增长速度保持一致。

四、不完全信贷市场下,标准生产率的收敛路径

现在考虑不完全信贷市场下的生产率增长均衡状态。在该经济模型中,代际不能发生财富继承,每个企业家拥有的初始财富来源于工资收入 w_t。为考虑信贷市场不完全对生产率的影响,假设企业家自有财富不足以完全支付模仿或创新等项目的事前成本。因此,所有开展该项目的企业家都面临着融资约束问题,即 $N_t > w_t$。为保证该类项目的顺利进行,企业家必须向金融部门借款($N_t - w_t$)以弥补自有资金的不足。只有当该项目成功时,金融部门才能顺利收回所有贷款及其利息;该项目失败时,金融部门不能收回任何款项。将反需求函数式(2.5)代入最终产品的总量生产函数中,并由最终产品市场的完全竞争性可知,劳动者的工资等于其创造的边际收益。因此,劳动者工资 w_t 满足下式:

$$w_t(i) = (1-\alpha)(\alpha/\chi)^{\frac{\alpha}{1-\alpha}} A_t(i) \qquad (2.19)$$

在项目实施过程中,企业与金融部门之间存在较大的信息不对称和道德风险问题。企业在支付一定的成本的前提下,可顺利隐藏项目真实收益,以逃避向金融部门偿债。企业的隐藏成本随着项目事前投资额的增加而增长。现假设企业的隐藏成本为 cN_t,其中,c 表示企业隐藏真实信息的单位成本。根据激励相容理论,只有以下不等式条件

满足时,企业才会"说真话":

$$cN_t \geqslant r(N_t - w_t) \tag{2.20}$$

其中,r 表示资金使用成本。若用 F 表示该国的金融发展水平①,以下不等式将成立:$\partial c/\partial F>0$,$\partial r/\partial F<0$。主要原因在于:根据金融结构论和金融功能论的观点,随着金融体系的发展,一方面,金融体系的专业能力将提升、金融体系与企业之间的地理接近性缩短并产生规模效应等,这将促进金融体系功能的有效发挥,金融部门鉴别企业是否"说真话"的能力增强,因此企业必须支付更多的成本才能隐藏项目的真实收益信息;另一方面,金融体系动员储蓄的成本下降、资金借贷风险下降、对金融资源的垄断力下降等,将从促使资金成本和垄断利润下降两个方面降低资本的贷款价格,因此企业的资金使用成本将随着金融发展程度的提升而递减。

在激励相容条件约束下,只有企业选择的投资水平满足式(2.21)时,才会选择"说真话"。值得注意的是,尽管金融部门鉴别能力的增强及金融中介运行效率的提升将增加企业的隐藏成本及降低贷款成本,但这一效应呈现递减趋势,即 $\frac{\partial(c/r)}{\partial F}>0$ 且 $\frac{\partial^2(c/r)}{\partial F^2}<0$。这主要是因为,随着金融体系的进一步发展,企业面临的金融市场环境将越来越接近完全竞争市场,与之对应的是,企业隐藏成本及贷款成本将越来越接近完全竞争市场的帕累托最优状态。因此,金融发展所带来的好处将

---

① 值得注意的是,在模型分析部分,本书并不严格区分金融发展属于规模发展抑或效率发展。这是因为从金融发展变量进入模型的形式来看,模型所表达的主要含义为反映金融发展对企业"隐藏成本"和资本使用成本的影响。而金融规模和效率的发展在一定成本上对这两个变量将产生交叉影响,并不能严格区分这种影响由何种金融发展所带来。

逐渐减少。

$$N_t \leqslant \frac{r}{r-c} w_t \qquad (2.21)$$

金融部门同样能观察到企业的激励相容条件,为保证收益,它们只会在企业"说真话"的投资区域进行贷款。因此,只有在式(2.21)成立时,企业才能从金融部门获得足够的融资以支付项目的投资成本,从而顺利进行技术升级型投资。

由前文可知,t 时期完全信贷市场下企业的最优投资水平为 $N_t^* = n^* \hat{A}_{t+1}$。若 $N_t^* > \frac{r}{r-c} w_t$,则意味着企业无法通过外部融资达到最优投资水平。由式(2.7)可知,工资水平由国家当前生产率决定。因此,该不等式表明,随着企业生产率与世界前沿生产率差距的增加,信贷约束将更容易产生。这意味着当企业当前生产率与世界前沿生产率的差距满足以下不等式时,企业将因信贷约束而不能进行技术升级型的投资行为:

$$a_t < \frac{n^* \eta (1+g)}{\left(\frac{r}{r-c}\right)(1-\alpha)\zeta - n^* \eta \gamma} = \underline{a}(r,c) \qquad (2.22)$$

其中,$\underline{a}(r,c)$ 表示企业面临融资约束的临界值。当 $a_t < \underline{a}(r,c)$ 时,企业将无法顺利融资;当 $a_t > \underline{a}(r,c)$ 时,企业可顺利从金融部门获得所需资金。也就是说,企业的融资约束行为内生出国家生产率与世界前沿生产率之间的差距。又由 $\partial c/\partial F > 0$ 且 $\partial r/\partial F < 0$,则可推导出 $\partial \underline{a}(r,c)/\partial F < 0$,这表明在金融发展程度较高的国家,$a_t$ 的临界值较小。因此,当国家生产率与世界前沿生产率水平相距甚远时,金融发展程度的提升将在一定程度上缓解企业面临的融资约束问题。这意味着,在金融发展程度较高的国家,即使当前生产率与世界前沿生产率的差距

相对较大(相对于金融发展程度较低的国家，$\underline{a(r,c)}$较小)时，仍能从金融部门顺利融资以支付项目的事前成本，从而拉近与世界前沿生产率之间的距离。由于企业将尽量投入更多的资本进行技术升级型的投资，因此式(2.21)中等号成立：

$$N_t = \frac{r}{r-c} w_t = w(r,c,a_t) \hat{A}_{t+1} \qquad (2.23)$$

其中，$w(r,c,a_t) = \dfrac{r(1-\alpha)\zeta a_t}{(r-c)[\eta(1+g)+\gamma a_t]}$，$a_t$ 满足信贷约束条件式(2.22)。因此，在不完全信贷市场，企业的事前投资总额受到融资约束的影响。与此同时，企业能实现的成功概率由事前投资总额内生决定，可表示为 $w(r,c,a_t)$ 的反函数：

$$\mu_{t+1} = \tilde{\mu}[w(r,c,a_t)] = (\sqrt{\theta^2 + 2\delta w(r,c,a_t)} - \theta)/\delta \qquad (2.24)$$

因此，a_{t+1} 可由下式决定：

$$a_{t+1} = \tilde{\mu}[w(r,c,a_t)]\eta + \frac{1-\tilde{\mu}[w(r,c,a_t)] + \tilde{\mu}[w(r,c,a_t)]\gamma}{1+g} a_t$$

$$\equiv F_2(a_t) \qquad (2.25)$$

五、标准生产率收敛的均衡状态

一国是否开展模仿或创新等以提升生产率及该类项目的内生成功概率，取决于该类项目能否筹措到足够的资金(及筹资规模)以支付全部投资成本。由前文可知，一国的信贷约束条件由国家生产率与世界前沿生产率之间的差距内生决定：当国家生产率与世界前沿生产率之间的差距 $a_t < \underline{a}(r,c)$ 时，国家将受到信贷约束的影响(不完全信贷市场下的情形)；当 $a_t > \underline{a}(r,c)$ 时，国家将不会受到信贷约束的影响(完全信贷市场下的情形)。由一国全要素生产率的演变路径与信贷约束条件的密切相关性可知,一国全要素生产率的演变路径同样受到国家全要素生产率向世界前沿生产率收敛速度的影响。为深入探索国家全要素生产率的演变路径及金融发展对这一路径的影响,本节将首先对国家生产率收敛路径进行理论预期。

由前文可知,国家生产率与世界前沿生产率之间的差距(下称标准生产率)可由下式表示:

$$a_{t+1}=F(a_t)=\min\{F_1(a_t),F_2(a_t)\} \quad (2.26)$$

由式(2.17)可知,$F_1(a_t)$是一个关于a_t的线性函数,其中,截距为$\mu^*\eta$,斜率为$\dfrac{(1-\mu^*+\mu^*\gamma)}{1+g}$。由式(2.25)可知,$F_2(a_t)$是一个关于$a_t$的递增凸函数,且$a_t \leqslant \min\{\underline{a}(r,c),1\}$。当$a_t=0$时,满足$F_2(0)=0$和$F_2'(0)=\dfrac{r(1-a)\zeta}{\theta(r-c)(1+g)}+\dfrac{1}{1+g}$。因此,在不受世界前沿生产率约束的条件下,$a_{t+1}$的演变路径可由图2.1中黑色粗线部分表示。随着金融水平的提高,$F_2(a_t)$将绕原点逆时针方向旋转,与$F_1(a_t)$的交点的横坐标$\underline{a}(r,c)$向左移动。与此同时,a_{t+1}的演变路径(图2.1中的黑色粗线部分)将发生变化。

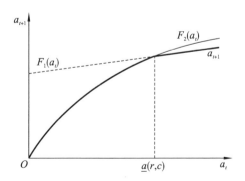

图2.1 一国标准生产率的演变路径

一国标准生产率的演变最终将达到一个均衡状态,这表现为 $t+1$ 时期的国家标准生产率 a_{t+1} 与 t 时期的国家标准生产率 a_t 相同。由于信贷约束的存在,这一收敛路径将受到金融发展水平的影响。根据金融发展水平的高低,可将一国标准生产率的收敛路径划分为以下三种情形。

情形1:当金融发展水平足够高时,$\underline{a}(r,c) < a^*$ 成立。此时,国家标准生产率将收敛至完全信贷市场下的均衡水平。这一情形下的收敛路径及最终均衡状态如图2.2所示。当金融发展水平足够高时,金融水平的继续提升不会改变标准生产率的均衡状态。

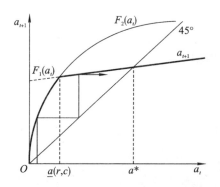

图 2.2 金融发展水平较高时的标准生产率收敛过程及最终均衡状态

在完全信贷市场下,技术升级型项目的投资行为及其内生的成功概率不会受到融资约束影响,继而不会受到该国金融发展水平的影响。当金融发展水平足够高时,若该国金融发展水平在标准生产率小于 $\underline{a}(r,c)$ 时提升,将降低完全信贷市场条件($\underline{a}(r,c)$ 下降),但不会改变完全信贷市场下标准生产率的均衡状态;若该国金融发展水平在标准生产率大于 $\underline{a}(r,c)$ 时提升,则金融发展水平的改变不会影响标准生产率的演变路径。总之,当金融发展水平足够高时,金融发展不会影响标准生产率的均衡状态。

情形 2：当金融发展程度为中等水平时，$\underline{a}(r,c)>a^*$ 成立，且当该国未达到均衡状态时，$a_{t+1}>a_t$，在此情形下，标准生产率将收敛至 $\hat{a}$，这一均衡水平将低于完全信贷市场下的均衡水平。

收敛路径及最终的均衡状态如图 2.3 所示。在达到均衡状态时，该国仍处于融资约束状态。当金融发展水平继续提升时，$F_2(a_t)$ 的曲线将绕原点逆时针旋转，最终导致 $\hat{a}$ 向右移动。也就是说，在这一情形下，随着金融发展水平的提升，均衡状态下国家标准生产率的值将变大，并向完全信贷市场的均衡状态靠近。

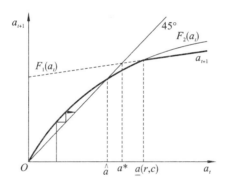

图 2.3　金融发展水平中等时的标准生产率收敛过程及最终均衡状态

情形 3：当金融发展程度较低时，$\underline{a}(r,c)>a^*$ 成立，且对于任何 a_t，$a_{t+1}<a_t$ 成立。均衡状态下，在金融发展程度较低的国家，标准生产率将趋近于 0，标准生产率以 $\dfrac{r(1-a)\zeta}{\theta(r-c)(1+g)}+\dfrac{1}{1+g}$ 的速度增长。

收敛路径及最终均衡状态如图 2.4 所示。由图可知，此时金融发展水平的提升将不会改变标准生产率的均衡状态。当时间趋于无穷大时，下式成立：

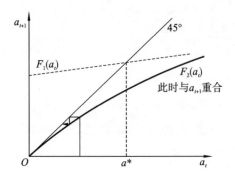

图 2.4 金融发展水平较低时的标准生产率收敛过程及最终均衡状态

$$\lim_{t \to \infty}(a_{t+1}/a_t) = \lim_{a \to 0} F'(a) = \frac{r(1-a)\zeta}{\theta(r-c)(1+g)} + \frac{1}{1+g}$$

由 $\partial c/\partial F > 0$ 且 $\partial r/\partial F < 0$,则可推导出:

$$\partial \left[\frac{r(1-a)\zeta}{\theta(r-c)(1+g)} + \frac{1}{1+g} \right] / \partial F > 0$$

因此,在金融发展程度较低的国家,金融发展程度的提高将促进标准生产率的提升。

六、金融发展对部门生产率的影响

基于前文的分析可得出,金融发展影响生产率及其增长速度(这里指部门绝对生产率,而不是标准生产率)的相关推论。

推论 1:均衡状态下,金融发展程度处于中等及以上水平的国家,部门生产率将以 g 的速度增长,金融发展水平不会影响生产率的增长速度。金融发展程度较低的国家,生产率将以 $\frac{r(1-a)\zeta}{\theta(r-c)}$ 的速度增长,金融发展水平的提高对生产率增长速度具有显著的促进效应,但这一促进效应将逐渐下降。

证明：金融发展水平处于中等及以上水平的国家将分别在 a^* 和 $\dot{a}$ 处达到均衡，根据 $A_{t+1}/A_t=(1+g)(a_{t+1}/a_t)$ 可知：$A_{t+1}/A_t=1+g$。这表明生产率将以 g 的速度增长，且不受金融发展水平的影响。在金融发展水平较低的国家，标准生产率将收敛于 0。根据 $\lim\limits_{t\to\infty}(a_{t+1}/a_t)=\dfrac{r(1-a)\zeta}{\theta(r-c)(1+g)}+\dfrac{1}{1+g}$ 可知：$A_{t+1}/A_t=\dfrac{r(1-a)\zeta}{\theta(r-c)}+1$。这表明，国家生产率将以 $\dfrac{r(1-a)\zeta}{\theta(r-c)}=\dfrac{(1-a)\zeta}{\theta(1-c/r)}$ 的速度增长。由于 $\dfrac{\partial(c/r)}{\partial F}>0$，这表明国家生产率增长速度将随着金融发展水平的提升而加快。但根据 $\dfrac{\partial^2(c/r)}{\partial F^2}<0$ 可知，金融发展对全要素生产率增长速度的促进效应将逐渐减小。

推论 2：从非均衡状态向均衡状态收敛的过程中，当一国仍处于非完全信贷市场区域（标准生产率低于 $\underline{a}(r,c)$）时，若在 t 时期，金融发展水平得以提升，生产率将增长。这表现为在金融发展程度越高的国家，生产率越高。当一国已处于完全信贷市场区域时（仅存在于金融发展程度较高的情形下），金融发展水平的提升将不会影响该国生产率的增长路径。

证明：为证明以上论点，以金融发展程度较高的国家为例进行分析。在金融发展程度较高的国家，当国家仍处于非完全信贷市场区域时，若一国金融发展水平在 t 时期得以提升，金融发展水平的提升将促使其在更低的标准生产率水平上（$\underline{a}'(r,c)<\underline{a}(r,c)$）达到完全信贷市场状态。从图形上看，$F_2(a_t)$ 曲线将围绕 (a_t,a_{t+1}) 向逆时针方向旋转。其中 a_t 指时期 t，金融发展水平提升所产生的国家标准生产率。金融发展水平提升对标准生产率演变路径的影响如图 2.5 所示。由图可知，标准生产率将在下一时期取得更大值。这表明，相对于金融发展水平

不变的情形,此时 a_{t+1} 将更大。由 $A_{t+1} = a_{t+1}\bar{A}_{t+1}$ 可知,金融发展水平提升的国家生产率水平高于金融发展水平未变的国家生产率水平(面临同一世界前沿生产率水平)。在 $t+1$ 时期后的生产率演变路径中,初始生产率的提升(A_{t+1} 较高)及标准生产率增长速度的提升将促使该国继续保持生产率较高的优势。

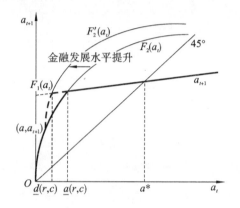

图 2.5　金融发展水平较高时,金融发展水平提升
对标准生产率演变路径的影响

但在完全信贷市场区域,金融发展水平的提升不能改变 $F_1(a_t)$ 曲线的形状(理论上,在完全信贷市场,企业的技术升级型投资行为不受融资约束的影响,因而不受金融发展水平的影响),因此,金融发展不能影响生产率的演变路径。此时,金融发展水平的提升将导致下一时期标准生产率等于金融发展水平保持不变时的水平。

在金融发展水平较低和中等水平的国家,金融体系的发展对全要素生产率演变路径的影响与金融发展水平较高国家处于不完全信贷市场时的分析基本相同。在此不做进一步的阐述。

推论 3:在不完全信贷市场,金融发展水平促进全要素生产率增长速度提升的渠道在于,提升了技术模仿和技术创新等技术升级型投资项目的成功概率。也就是说,在金融发展水平越高的国家,前沿技术带来的外溢效应更大,技术创新成果也将更多。

证明:根据 $A_t = \mu_t(\hat{A}_t - A_{t-1}) + A_{t-1}$ 可知,全要素生产率的提升取决于技术升级型投资项目的成功概率。在不完全信贷市场,这一概率可表示为 $\mu_{t+1} = (\sqrt{\theta^2 + 2\delta w(r,c,a_t)} - \theta)/\delta$,其中 $w(r,c,a_t) = \frac{r(1-\alpha)\zeta a_t}{(r-c)[\eta(1+g)+\gamma a_t]}$。由此可知 $\frac{\partial \mu_{t+1}}{\partial F} = \frac{\partial \mu_{t+1}}{\partial w}\left[\frac{\partial w}{\partial(c/r)}\frac{\partial(c/r)}{\partial F} + \frac{\partial w}{\partial a_t}\frac{\partial a_t}{\partial F}\right] > 0$。这表明技术升级型投资成功的概率随着金融发展程度的提高而上升。

第四节 基本模型的扩展——两部门最终产品模型

基本模型假设全部中间产品部门具有相同的特征,特别地,假设全部中间产品部门从金融市场取得融资的机会均等。但在实际的经济运行中,这一假设并不成立。对于技术升级较快的产业而言,将需要更多的事前投资成本,从而存在更紧的融资约束。因此,本节将放松融资机会均等的假设,并在这一情形下分析金融发展对全要素生产率的影响及作用路径。本节的数理分析将在基本理论模型的扩展上进行。

一、基本假设

假设经济体中存在 A、B 两种最终产品。其中 A 表示技术升级较快部门的产品,B 表示一般部门的产品。生产最终产品的中间投入品具有特定性,这意味着 A(或 B)最终产品只能由对应的中间产品 A′(或 B′)投入生产,与此同时,A′(或 B′)中间产品的生产也只能由 A(或 B)最终产品作为投入品。为简单起见,假设 A′、B′两类中间产品生产率水平的初始值相同,生产函数采取相同的形式,且面临相同的世界前沿技术水平及增长速度,事前投资成本采取相同的形式。两者之间唯一的差别在于,在技术升级过程中,若技术升级型的投资行为取得成功,生产 A 的部门将获得更高的生产率水平。因此,$\hat{A}_{s,t}(i)$ 可表述为以下形式:

$$\hat{A}_{s,t}(i) = \psi_s [\eta \bar{A}_{s,t} + \gamma A_{s,t-1}(i)] \quad (2.27)$$

其中 $s=\{A,B\}$,分别表示生产 A、B 的部门的相关特征。当 $s=A$ 时,$\psi_s>1$;当 $s=B$ 时,$\psi_s=1$。两部门的生产函数、面临的世界前沿技术水平及其增长完全相同,且均采用基本模型中的相关形式。因此,s 部门的生产率可表示为:

$$A_{s,t} = \mu_{s,t} \eta \psi_s \bar{A}_t + (1 - \mu_{s,t} + \mu_{s,t} \psi_s \gamma) A_{s,t-1} \quad (2.28)$$

下文将对均衡状态下,两部门的标准生产率的收敛路径及其均衡状态进行分析。

二、完全信贷市场下,标准生产率的收敛路径

由基本模型的相关结论可知,完全信贷市场条件下,生产 A、B 的两部门企业家选择的最优概率可表示为:$\mu_A^* = \mu_B^* = \mu_s^* = (\pi - \theta)/\delta$。因此,$t$ 时期,s 部门的投资可表示为:

$$N_{s,t} = \left(\frac{\pi^2 - \theta^2}{2\delta}\right) \hat{A}_{t+1} \quad (2.29)$$

因此,s 部门标准生产率的演变路径由下式决定:

$$a_{s,t+1} = \psi_s \mu_s^* \eta + \frac{(1 - \mu_s^* + \psi_s \mu_s^* \gamma)}{1+g} a_{s,t} \equiv F_{1,s}(a_{s,t}) \quad (2.30)$$

由上式可知,均衡状态下,s 部门的标准生产率将收敛至:

$$a_s^* = \frac{\psi_s \mu^* \eta(1+g)}{g+\mu^* - \psi_s \mu^* \gamma} \tag{2.31}$$

由 $\frac{\partial a_s^*}{\partial \psi} > 0$ 可知,$a_A^* > a_B^*$。因此,在均衡状态下,生产 A 的部门与世界前沿生产率的差距将小于生产 B 的部门与世界前沿生产率之间的差距,且生产 A、B 的部门生产率的增长速度将与世界前沿生产率的增长速度 g 相同。因此,社会平均生产率的增长速度等于 g。但随着时间的推移,全社会平均生产率与世界前沿生产率的差距将缩小。这是因为全社会平均生产率与世界前沿生产率的差距可表述为

$$D_t = \sum_{s=A,B} \Omega_{s,t} a_s^* \tag{2.32}$$

其中,$\Omega_{s,t}$ 表示 t 时期,s 部门的投资占全部投资的比例,由式 (2.29) 可知,$\Omega_{s,t} = \frac{N_{s,t}}{N_{A,t}+N_{B,t}} = \frac{\hat{A}_{A,t+1}}{\hat{A}_{A,t+1}+\hat{A}_{B,t+1}}$。随着时间的推移,生产 A 的部门技术升级的幅度高于生产 B 的部门的,因此生产 A 的部门的相对规模将逐渐增加,从而造成社会平均生产率与世界前沿生产率的差距逐渐缩小,并最终收敛至 a_A^*。

三、不完全信贷市场下,标准生产率的收敛路径

对基本理论模型进行拓展,在不完全信贷市场条件下,企业不能进行技术升级型投资行为的临界值可表述为:

$$a_{s,t} < \frac{\psi_s n_s^* \eta(1+g)}{(\frac{r}{r-c})(1-\alpha)\zeta - \psi_s n_s^* \eta \gamma} = \underline{a}_s(r,c) \tag{2.33}$$

企业的事前投资满足激励相容条件:

$$N_{s,t} = \frac{r}{r-c} w_{s,t} = w_s(r,c,a_{s,t}) \hat{A}_{s,t+1} \tag{2.34}$$

其中，$w_s(r,c,a_{s,t}) = \dfrac{r(1-\alpha)\zeta a_{s,t}}{\psi_s(r-c)[\eta(1+g)+\gamma a_{s,t}]}$，$a_{s,t}$ 满足信贷约束条件式(2.33)。在企业事前投资总额受到融资约束影响的前提下，企业能实现的成功概率可表示为 $w_s(r,c,a_{s,t})$ 的反函数，即：

$$\mu_{s,t+1} = \tilde{\mu}_s[w(r,c,a_{s,t})] = (\sqrt{\theta^2 + 2\delta w_s(r,c,a_{s,t})} - \theta)/\delta \quad (2.35)$$

因此，$a_{s,t+1}$ 可由下式决定：

$$a_{s,t+1} = \tilde{\mu}_s[w(r,c,a_t)]\eta + \dfrac{1-\tilde{\mu}_s[w(r,c,a_{s,t})] + \tilde{\mu}_s[w(r,c,a_{s,t})]\gamma}{1+g} a_{s,t}$$

$$\equiv F_{2,s}(a_{s,t}) \quad (2.36)$$

由基本模型可知，国家生产率与世界前沿生产率之间的差距(下称标准生产率)可由下式表示：

$$a_{s,t+1} = F_s(a_{s,t}) = \min\{F_{1,s}(a_{s,t}), F_{2,s}(a_{s,t})\} \quad (2.37)$$

由 $\psi_A > \psi_B$ 可知，完全信贷市场下，表示生产 A 的部门标准生产率收敛路径的直线，其截距和斜率均大于生产 B 的部门的。在不完全信贷市场领域，$w_s(r,c,a_{s,t}) = \dfrac{r(1-\alpha)\zeta a_{s,t}}{\psi_s(r-c)[\eta(1+g)+\gamma a_{s,t}]}$。由 $\dfrac{\partial(c/r)}{\partial F} > 0$ 及 $\dfrac{\partial^2(c/r)}{\partial F^2} < 0$ 可得：$\dfrac{\partial w_s(r,c,a_{s,t})}{\partial F} = \dfrac{\partial w_s(r,c,a_{s,t})}{\partial(c/r)} \dfrac{\partial(c/r)}{\partial F} > 0$，$\dfrac{\partial^2 w_s(r,c,a_{s,t})}{\partial F^2} < 0$。

结合式(2.35)可知，随着金融水平的发展，$w_s(r,c,a_{s,t})$ 将增长，从而企业技术升级型投资成功的概率将上升，但这一增长效应呈现递减趋势。在图形上表现为，曲线 $F_{2,s}(a_{s,t})$ 朝逆时针方向旋转，但旋转的角度将逐渐减小。进一步由 $\dfrac{\partial w_s(r,c,a_{s,t})}{\partial \psi} < 0$ 可以判断：在其他条件相同的情况下，生产 A 的部门项目成功的概率将小于生产 B 的部门的，在图形上表现为 $F_{2,A}(a_{A,t})$ 曲线的斜率小于 $F_{2,B}(a_{B,t})$ 曲线的斜率，且将一直处于 $F_{2,B}(a_{B,t})$ 曲线的下方。

又因为 $\dfrac{\partial \mu_{s,t+1}}{\partial w(r,c,a_{s,t})} = 1/\sqrt{\theta^2 + 2\delta w_s(r,c,a_{s,t})}$，这表明 $w_s(r,c,a_{s,t})$ 越小，项目成功概率提升的幅度越大。又有 $\dfrac{\partial^2 w_s(r,c,a_{s,t})}{\partial \psi \partial F} < 0$，因此当金融发展水平提升时，生产 A 的部门项目成功概率提升的幅度大于生产 B 的部门的。在图形上表现为，当金融发展水平提升时，曲线 $F_{2,A}(a_{A,t})$ 旋转的角度将大于曲线 $F_{2,B}(a_{B,t})$ 旋转的角度。

在同一坐标轴上表示生产 A、B 部门的标准生产率的演变路径，如图 2.6 所示。其中两条黑色粗线分别表示生产 A 的部门和生产 B 的部门标准生产率的演变路径。

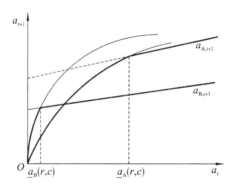

图 2.6　两部门标准生产率的演变路径

图 2.6 表明，生产 A 的部门将受到更紧的融资约束，只有当它与世界前沿生产率之间的差距较小时，才能达到完全信贷市场条件。根据基本模型的结论，s 部门均衡状态的分析可以根据金融发展水平的差异分为三种情形（为简便分析，假设生产 A、B 的部门同时处于这三种情形中的一种。去掉这一假设，结论依然成立）。在基本模型结论的基础上，我们可以得出相关推论。

四、金融发展对社会平均生产率的影响

当金融发展水平较高时,均衡状态下,生产 A、B 的部门的标准生产率将收敛至完全信贷市场水平。金融发展水平的提升将不影响生产 A、B 部门的均衡状态。此时,金融发展对社会平均生产率的影响与完全信贷市场下的情形相同。

当金融发展程度处于中等水平时,均衡状态下,生产 A、B 的部门的生产率的增长速度将与世界前沿技术的增长速度相同,且等于 g。金融发展水平的提升不会改变生产 A、B 部门的生产率的增长速度,但将同时提升生产 A、B 部门的标准生产率,且生产 A 的部门的增长幅度大于生产 B 的部门的。另外,金融发展水平的提升将促进生产 A、B 的部门提高创新或技术模仿等项目成功的概率,从而导致生产 A、B 的部门的事前投资水平增长。同样由生产 A 的部门概率增长幅度大于生产 B 的部门可知,生产 A 的部门的事前投资水平增长幅度大于生产 B 的部门的,从而生产 A 的部门所占比例较大。因此,社会平均生产率与世界前沿生产率之间的差距将减小。此时差距的较小来源于资源配置的效应。

当金融发展程度处于较低水平时,均衡状态下,金融发展水平的提升将促进生产 A、B 的部门的生产率的增长速度加快。因此,社会平均生产率增长速度提升。基于与前文相同的分析可知,社会平均生产率与世界前沿生产率之间的差距将减小。这种差距的减小源于两个方面:一是资源配置的效应;二是生产 A、B 的部门的生产率增长速度的提升。对非均衡状态可采取同样的分析方式,结合基本模型的相关结论可知,在金融发展水平较高的国家,社会平均生产率较高,且与世界前沿生产率的差距较小。这一效应源于两个方面:一是生产 A、B 的部

门的生产率的提升及与世界前沿生产率差距的缩小；二是资本在生产A、B的部门之间进行了优化配置。

第五节 本章小结

本章主要对金融发展影响全要素生产率的理论机制进行研究。在现实世界里，由于技术升级型投资项目本身的内在特征，其面临着严重的融资约束问题。而现代金融体系的发展与完善将通过储蓄动员、信息收集处理与分析、风险分散及激励、监督与约束等功能的发挥，有效地促进资金流向技术投资型项目，并提升该类项目的内生成功概率。根据金融发展缓解技术投资项目融资约束的思想，本章根据熊彼特增长模型，对金融发展影响全要素生产率的作用机制及总体效应进行数理模型的推导，并得出以下结论。

第一，均衡状态下，金融发展程度处于中等及以上水平的地区，部门生产率将以 g（世界前沿生产率增长速度）的速度增长，金融发展水平的进一步提升不会影响生产率的增长速度。在金融发展程度较低的地区，金融发展将促进生产率增长速度的增长，但这种促进效应呈现递减趋势。

第二，从非均衡状态向均衡状态收敛的过程中，当地区仍处于非完全信贷市场区域时，金融发展水平的提升将促进一国生产率的增长及其增长速度的提升。当一国已处于完全信贷市场区域时（仅存在于金融发展程度较高的情形），金融发展水平的提升将不影响该国生产率的增长路径。

第三，金融发展水平对全要素生产率及其增长速度的促进效应来源于两个方面。一是技术进步引致的生产率前沿向外推移,这又包括创新能力的提升和对国际先进技术的模仿能力(模型中表现为技术升级型投资项目的成功概率提高)。二是经济结构改变带来的社会总生产率提升。其中,经济结构的改变主要指产业间不同生产率产业相对份额的转变。因此,金融发展的生产率增长效应主要来源于技术进步效应和资源配置效应。基于以上结论,本章提出以下可供检验的假说。

假说1:金融体系的发展将促进社会平均生产率的提升。

假说2:金融发展水平的提升将促进全要素生产率增长速度的增长,但这种促进效应随着金融发展水平的增长呈现出递减趋势,直至达到完全信贷市场时消失。[①] 在图形上,这种关系可以表示为全要素生产率的增长率在前一阶段是关于金融发展水平的递增凸函数,但在达到某一临界水平后,将是关于金融发展水平的水平线。

假说3:金融发展将提升地区对国际先进技术的模仿能力。

假说4:金融发展将促进地区创新能力的增强。

假说5:随着金融体系的发展,经济体的资本配置效率将得以提升。

在后面的章节中,本书将利用中国省级层面的面板数据对以上五个假说进行实证研究,从而为金融发展对全要素生产率的影响效应及其作用机制提供现实依据。

---

① 由于在难以先验性地判断地区间的生产率差距是否已经达成收敛状态,因此无法直接对收敛状态下金融发展对生产率增长速度的影响进行实证研究。但若将金融发展水平的改变看成是一个连续的过程,则可以发现:当金融发展从最低水平逐渐上升为较高水平时,标准生产率的增长率一直呈现上升趋势;而当金融发展达到最高水平且满足完全信贷市场条件时,标准生产率的增长率将保持不变。

第三章

中国金融发展与全要素生产率的典型事实

本章首先对金融发展的度量指标进行梳理,通过选择适合中国国情的度量指标对当前中国金融发展的整体水平和各地区的发展水平进行度量。其次,选取合适的度量方法对中国各地区全要素生产率进行度量。最后,对金融发展与全要素生产率之间的关系进行初步分析,从统计上描述两者可能存在的关系。

第一节　中国金融发展水平的度量

一、金融发展水平的度量指标体系构建

对中国金融发展现状进行定量分析，有利于我们了解当前形势下中国金融发展的表现、实质与内涵，这将为进一步研究金融发展对全要素生产率的影响奠定坚实的基础。关于金融发展指标的度量，学术界并未取得一致的意见。Goldsmith(1969)是较早对金融发展水平进行刻画的学者之一，他提出用金融相关比率(即一国或地区全部金融资产总额占名义 GDP 的比例，FIR)衡量金融发展水平。McKinnon(1973)提出用广义货币量占名义 GDP 的比例这一指标来测度国内市场货币化程度，这反映了金融深化程度及金融体系的支付中介和动员功能。这是两类使用最广泛的指标，对金融发展的研究领域产生了深远的影响。在 Goldsmith(1969)和 McKinnon(1973)的研究的基础上，King 和 Levine(1993a,b)系统地提出了 4 个有代表性的度量指标，分别从金融深化指标(流动性资产占 GDP 的比例)、金融相对规模(存款货币银行资产占货币银行资产与中央银行资产之和的比例)、金融系统资源配置情况(非金融私人企业信贷占总信贷的比例、非金融私人企业占 GDP 的比例)三个方面对金融发展水平进行测度。此后，诸多学者对金融发展的指标进行了改进和丰富，按照金融发展的概念及内涵，可从金融规模发展和金融效率发展两个维度对金融发展水平进行度量。

1. 金融规模的度量指标

在前人研究的基础上，Beck 等(1999)提出分别用金融市场绝对规

模和相对规模度量金融的整体发展水平。他们将金融机构划分为中央银行类金融机构、存款货币银行和其他金融机构三类主体。其中,中央银行类金融机构主要指中央银行和其他具有货币当局功能的组织;存款货币银行指那些具有"以支票或其他支付手段等可转让存款为表现的流动性"的金融组织;其他金融机构主要指类银行组织和非银行金融机构。

Beck 等(1999)归纳出以下三类指标来测度金融发展的绝对规模:中央银行资产占 GDP 的比重、货币存款资产占 GDP 的比重、其他金融机构资产占 GDP 的比重。这三类指标反映了三类金融部门提供的金融服务相对于经济规模的重要性。但在大部分文献中,为综合性地反映金融部门规模,一般度量全部正式金融机构的总规模,即用全部金融部门的总资产占 GDP 的比例来度量金融发展水平。这也是前文所提到的戈氏指标——金融相关比率(FIR)。具体计算过程中使用现金、需求和所有银行及其他金融中介的付息负债之和来度量全部金融中介结构的规模,用它与 GDP 的比值(King & Levine,1993a;Levine,1997;Alfaro et al,2009)来度量金融发展水平。这是使用最广泛的度量金融市场规模的指标。另一种度量金融发展绝对规模的是货币化比率,即使用广义货币(M_2 或 M_3)占 GDP 的比值,这也是度量一国或地区金融深化程度的典型指标。

相对规模可以采用以下三类指标测度:中央银行资产占总金融资产的比重、货币存款资产占总金融资产的比重、其他金融机构资产占总金融资产的比重。这些指标反映了各类金融机构在资源配置市场中的相对重要性。但基于数据的可获得性,在实际的计算过程中,学者们一般直接使用存款货币银行资产除以存款货币银行资产与中央银行资产之和来表示(King & Levine,1993a;Levine et al,1998;Beck et al,

1999)。用上述简化的指标表示金融市场相对规模具有一定的合理性,在金融理论分析中,相较于中央银行而言,货币存款银行将提供更多的金融功能(King & Levine,1993a;Levine,1997)。但 King 和 Levine(1993a)以及 Levine(1997)指出这一指标的缺陷——没有正确理解金融体系中信贷配置的主体:银行并不是唯一提供风险管理、信息获取和监督服务的金融机构,且在诸多国家中银行行为在较大程度上受到政府主体的影响,银行的借贷对象更多的是政府和国有企业。但考虑到这一指标分离出了最有可能提供金融服务的中介机构,所以可以将这一指标看成是对金融深化指标的一个补充。

金融领域的大部分文献都沿用了这一指标体系对金融发展水平进行度量。如谈儒勇(1999)将金融发展划分为金融中介体发展和股票市场发展两部分,用全部金融中介的流动负债(M_2)占 GDP 的比值刻画金融中介的总体规模(由于我国缺少 M_3 的统计数据,用 M_2 代替)。Alfaro(2009)分别使用流动性比例和货币存款银行相对规模对金融发展进行度量。Zagorchev 等(2011)使用全部银行资产、股票市场市值与债券市场市值之和占 GDP 的比例度量金融发展水平。

2. 金融效率的度量指标

金融效率是指金融体系将金融资源以最小的成本配置到发展前景最广、盈利性更好的投资项目中去(Hartmann et al,2007)。随着金融发展理论研究的深入,越来越多的学者发现,单纯用金融规模指标只能反映金融部门"量"的扩张,不能体现"金融发展"的真实内涵。金融发展不仅意味着金融规模总量的增长,更应有"金融效率提升"之意。因此,在金融规模指标体系构建的基础上,诸多学者开始构建"金融效率"的指标来共同反映金融发展的进程(Beck et al,1999;Aziz & Duenwald,2002;张军、金煜,2005;Jeanneney et al,2006)。由于金融效率提升的复杂性和不可直接观测性,金融效率的变化无法直接度量。现有研究一般用私人信贷占比、资本市场相对规模、资源配置状况、银行业结构等指标间接反映金融机构的运行效率。

(1) 资本市场相对规模。Allen 和 Gale(1995)指出,不同的金融体系结构有不同的含义。相较于市场主导型的金融结构而言,银行主导型金融体系能提供更好的跨期服务,但在跨部门风险分享方面存在劣势。金融结构同样影响了借款者对融资来源的选择,最终对金融创新率和投资于新技术或高风险技术的可能性产生影响(Rajan & Zingales,2003)。一般认为,资本市场相较于银行业而言,具有更强的资源配置能力。因此,部分学者使用资本市场的相对规模作为金融效率的替代指标。如 Ilyina 和 Samaniego(2011)利用资本市场市值占 GDP 的比重对美国的金融发展水平进行度量;Maskus 等(2012)利用股票市场市值和债券市场市值占 GDP 的比重度量 18 个 OECD(经济合作与发展组织)国家的金融发展水平。熊鹏和王飞(2008)采用债券和股票资产总额占狭义金融资产总量的比重,度量金融市场在社会资源配置中的地位状况。

(2) 资源配置状况。King 和 Levine(1993a)等学者认为,私人机构将更有效率地使用金融资源。因此,用信贷配置结构中私人机构占比可以通过反映资源配置效率,从而间接反映金融体系的效率。私人信贷比例越高,说明资源配置效率越高,金融体系越有效率。Do 和 Levchenkob(2007)、Sharma(2007)、Ilyina 和 Samaniego (2008)等诸多学者分别用私人信贷占比度量了金融发展程度。私人信贷占比可采用两个指标度量:一是私人信贷占全部信贷的比例;二是私人信贷占全部生产总值的比例。在相关文献中,一般是两者结合使用,以保证检验结果的稳健性。

(3) 银行业结构。Beck 等(1999)使用银行结构反映金融效率。其理论依据在于:银行结构过于集中将导致缺乏竞争,而这个值越小表示市场高度分割,银行资本不足,这些都不利于金融体系效率的提升。Beck 等(1999)使用三家最大型银行的资产占总银行部门资产的比例表示银行集中度。针对我国四大国有银行主导银行业结构的现实环境,林毅夫和姜烨(2006)使用工、农、中、建四大银行年末贷款余额占全部金融机构贷款余额的比例来反映市场集中度,卢峰和姚洋(2004)则使用非国有金融机构信贷占比来反映金融市场的竞争程度。还有部分学者使用外资银行渗透度来度量金融效率。这背后的假设为外资银行渗透度越高,金融体系越有效率,这一点已在相关文献中得到证明:Clasessens 等(2001)的实证研究表明,外资银行渗透度增加将降低银行利润和成本费用。Demirg-Kunt 等(1998)曾证明较高的外资银行渗透度将促进国内银行效率的提高。

另外,还有一些使用频率较少的其他指标。如 Hartmann 等(2007)将金融效率提高定义为金融创新和金融机构/组织的提升过程,包括减少信息不对称,增加市场完整性,提升以契约方式进行金融交易的可行性,减少交易成本和增加竞争,并分别就资本市场规模和金融结构,金融创新和市场完整度、透明度、信息通达性,金融机构公司治理、法律系统,金融管制/监督/稳定性,竞争开放及金融融合度,经济自由度,以及其他社会经济政治因素等八个领域间接描述金融发展指标,并在这八个领域里发展了 15 个指数作为金融发展的替代变量。但由于这些指数主要刻画金融发展的市场环境,与金融效率的度量相隔较远,且国内数据难以获取,因此,本书没有采取这种方法对中国的金融发展水平进行度量。

3. 地区金融发展水平的度量指标

在对地区金融发展水平进行度量时,同样可以使用前文介绍的金融发展指标。但上述指标中,诸多原始变量难以取得地区水平上的数据,如各地区的 M_2 指标、各地区非银行私人机构获取的贷款额等、不能从统计年鉴中获取直接的数据。因此,在实际度量地区金融发展水平时,难以采用上述金融发展指标进行度量。为准确度量地区金融发展水平,诸多学者在探寻金融发展真实含义的基础上,基于数据的可获取性,探索出一套适用于地区金融发展水平的指标体系。

1) 金融相关比率

由于各地区的 M_2 资料难以获取,国内研究大都采用金融相关比率指标测度地区金融发展水平。利用各地区银行(或金融机构)的存贷年末余额或贷款余额作为当地金融资产价值的替代变量,并以其占 GDP 的比重来度量地区金融发展水平。如孙力军(2008)利用金融机构贷款余额占 GDP 的比重度量中国 29 个地区的金融发展水平。叶志强等(2011)利用银行机构信贷余额占 GDP 的比重度量中国地区金融发展水平。本书借鉴周立和王子明(2002)的研究,以各地区全部金融机构存贷款总额占 GDP 的比例作为金融相关比率的替代变量。

尽管上述变量能在一定程度上反映地区金融发展水平,但现阶段中国银行部门存在大量政策导向的贷款和不良贷款,相当部分信贷被政府指令或干预借贷给了一些效率不高的国有部门(张军、金煜,2005)。2007 年,我国银行部门贷款只有低于 20% 的部分贷给了非国有部门,但与此同时非国有部门贡献了几乎 65% 的 GDP 和 70%～80% 的 GDP 增长(Du et al,2009)。此外,尽管中国的金融改革是将政府控制的银行转制为独立的金融组织,但在较长时间内中央政府仍将信贷作为缩小地区差距的主要工具。从中国现实环境来看,经济发展水平较低的地区更容易获得银行贷款(Park & Kaja,2001;Chen,2006)。因此,使用贷款占GDP的比例不能如实反映地区金融发展水平及金融中介的效率,需要用其他指标进行反映。

2) 私人信贷占比

基于私人信贷市场化程度和效率较高的客观现实,部分学者提出直接采用"非国有信贷占GDP的比值"度量地区金融发展水平。由于现有统计资料缺乏各地区非国有信贷数据,Aziz和Duenwald(2002)、张军和金煜(2005)提供了一种间接计算各地区非国有信贷占比的方法。他们假设各地区配给国有企业的贷款应与该地区国有企业的产出成正比,非国有企业的信贷比例可以通过全部信贷占比减去配给国有企业的比重来测度。具体方法为:以国有企业工业产值/地区工业总产值(soe)作为自变量,将地区全部银行信贷总额/地区总产值(fin)作为因变量,运用"残差结构一阶自相关"的固定效应面板模型估计全部银行信贷总额中国有企业的比重,并据此间接计算出非国有部分信贷比重。分解全部银行信贷总额分配比例的方程式如下:

$$\text{fin}_{i,t} = \alpha + \beta \text{soe}_{i,t} + \eta_i + \mu_{i,t} \quad (3.1)$$

$$\mu_{i,t} = \rho \mu_{i,t-1} + \delta_{i,t} \quad (3.2)$$

其中,η_i 表示地区 i 的虚拟变量,用于控制地区因素的影响;$\mu_{i,t}$ 表示随机误差项;$\beta \text{soe}_{i,t}$ 为国有企业所占的信贷比重;而非国有企业所占的信贷比重可用 $\text{fin}_{i,t}$ 减去国有企业信贷比重获得。

另外,在具体的计算过程中,赵勇和雷达(2010)指出,在度量信贷比例分配时,各地区分配给国有企业的贷款与各地区国有企业的固定资产投资之间的比例关系更加直接。因此,他们以全社会固定资产投资中国有经济所占的比例作为解释变量,按照张军和金煜(2005)的办法,对各地区的金融发展水平进行了估算。

二、中国金融发展水平的度量及现状分析

自改革开放以来,我国金融体系经过了三个阶段的改革历程:1978—1984 年为第一阶段,重点在于初步构建现代金融机构体系;1985—1992 年为第二阶段,这是有计划商品经济时期的金融体制改革阶段,重点在于建立起多层次、多类型的金融组织体系并不断完善宏观金融调控体系;1993 年至今为第三阶段,这是市场经济时期的金融体制改革阶段,这段时期的改革特点为金融立法进程加快,金融体制改革进一步深化,社会主义市场经济体制下的金融体系构架基本形成。经过 30 多年的金融体制改革,我国金融体系取得了突破性的进展,现阶段基本建成多种金融机构并存的现代金融机构体系,完备的、多层次的金融市场体系,完整的金融调控体系及"一行三会"的金融监管体系。具体金融体系框架如图 3.1 所示。金融体系的完善与发展,对促进金融业的发展提供了坚实的制度保障,推动中国金融业整体实力的增强。

为准确描述与分析当前我国的金融发展现状,本节将主要对改革开放以来中国金融发展水平进行度量和分析。通过使用不同的指标测度金融发展水平,可以从定量角度全面真实地反映我国金融发展的演变进程及趋势。基于中国地区间金融发展存在巨大差异的事实,下面将分别从全国水平和地区水平两个角度展开研究。

1. 我国金融发展水平的整体度量

本节分别从金融绝对规模、金融相对规模、金融效率等方面,对改革开放以来中国金融发展水平进行度量。基于中国发展实情和数据的可得性,笔者选择货币化程度(M_2/GDP)、存款货币银行占比(bank)、资本化率(mcap)、私人信贷占比(private)等作为测度金融发展的综合

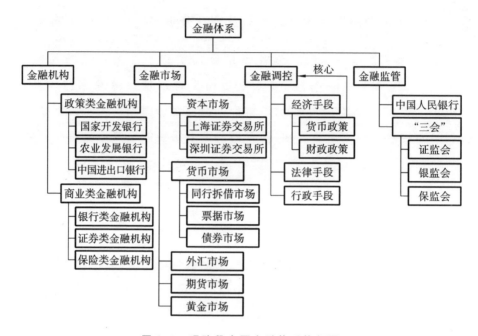

图 3.1　现阶段中国金融体系构架图

指标体系。另外,由于《中国金融年鉴》中各年关于四大国有商业银行资产的统计口径不一致,所以本书舍弃了该项指标。

其中,货币化程度(M_2/GDP)直接使用广义货币量占 GDP 的比值。存款货币银行占比(bank)用存款货币性银行国内资产占存款货币银行国内资产与货币当局国内资产之和的比重表示。但由于缺乏存款货币银行和中央银行资产的数据,本书使用《中国金融年鉴》所公布的"存款货币银行资产负债表"和"货币当局资产负债表"计算出商业银行对中央政府债权、对其他部门债权、对非货币金融机构债权三者之和来度量商业银行国内资产,使用货币当局对中央政府债权、对存款货币银行债权、对非货币金融机构债权、对非金融机构债权四者之和来度量货币当局国内资产。资本化率(mcap)使用股票市值占 GDP 的比例计算而来。

由于我国缺乏直接度量私人信贷的数据,故采用郑明海(2008)等学者的方法,用短期贷款中乡镇企业贷款、私营企业及个体贷款、三资企业贷款等各项之和计算我国的私人信贷总量。私人信贷占比分别采用私人信贷总量占全部信贷总额的比值(private)及占全部生产总值的比值(privy)来表示。其中,已公布的统计年鉴并未对私人信贷总量单独统计,采用郑明海(2008)的方法,用短期贷款指标中"乡镇企业贷款、三资企业贷款、私营企业及个体贷款"三者之和作为私人信贷总量的替代变量。数据来源于各年的《中国金融年鉴》、《中国统计年鉴》、《中国证券期货统计年鉴》、色诺芬经济金融研究数据库及中国人民银行网站。在对中国相关数据进行收集和整理的基础上,本书主要对市场化改革以来我国的金融发展水平进行了初步估算,具体结果如表3.1所示。

表3.1　1993—2010年中国金融发展水平指标

年份 指标	M_2/GDP	bank	mcap	private	privy
1993	0.987	0.719	0.100	0.130	0.109
1994	0.974	0.752	0.077	0.117	0.089
1995	0.999	0.781	0.057	0.109	0.080
1996	1.069	0.782	0.138	0.096	0.023
1997	1.152	0.804	0.222	0.098	0.093
1998	1.238	0.831	0.231	0.099	0.101
1999	1.337	0.828	0.295	0.104	0.108
2000	1.357	0.827	0.485	0.098	0.098
2001	1.444	0.843	0.397	0.094	0.097
2002	1.537	0.872	0.319	0.066	0.088
2003	1.629	0.897	0.313	0.074	0.086
2004	1.589	0.909	0.232	0.069	0.077

续表

指标 年份	M_2/GDP	bank	mcap	private	privy
2005	1.615	0.908	0.175	0.062	0.065
2006	1.598	0.912	0.413	0.048	0.050
2007	1.518	0.909	1.231	0.048	0.048
2008	1.513	0.922	0.386	0.046	0.044
2009	1.778	0.942	0.716	0.046	0.054
2010	1.808	0.947	0.661	—	—

从表 3.1 可以发现，我国货币化程度（M_2/GDP）自 1996 年以来一直高于 1，并呈现持续增加的趋势，这远远超过了同时期发达国家的水平。但诸多学者指出，中国较高的货币化程度并不是金融发展水平较高的表现，而是国内缺少投资渠道、金融工具单一化和银行不良贷款率居高不下等各方面的因素所导致的。本书将用其他金融发展指标进行相应的补充。

对存款货币银行发展程度进行度量的 bank 指标，从 1993 年的 0.719 上升至 0.947，表明我国存款货币银行在银行体系中占据绝对的主导地位。与中央银行相比，存款货币银行在进行资本配置方面更具优势，在利润最大化的导向下，商业银行将对企业进行有效监管及提供创新金融工具和风险管理服务。从这一指标的变动趋势来看，我国银行体系基本确定了以商业银行为主导的市场地位，中央银行在资源配置中的主体地位已经逐步退出。

股票市场是资本配置的重要场所。自我国 1990 年沪深证券交易所试营业以来，我国股市取得了较快的发展。从数据上看，我国股票市值占 GDP 的比重从 1993 年的 0.1 上升至 0.661，表明我国股票市场在国民经济中的地位逐渐上升。但这一指标与发达国家相比还存在较大的差距,如美国2001年股票市值占比已经达到1.37,英国达到1.56(郑明海,2008)。从变动趋势来看,该指标的波动性非常大,最低值仅有0.057,最高值则达到1.231。这说明我国股票市场尚存在不理性行为,投机性动机较为明显。另外,我国企业重融资、轻运用,可能会导致资本运用效率偏低。因此,我国现阶段的股票市场还有待完善,这不仅包括股票市场规模的扩张,还包括股票交易制度的完善等。

两个度量私人信贷占比的指标,均反映出我国私营部门接受的信贷比例较低。自1993—2010年,这两个指标均在10%上下浮动,而90%的贷款流向了国有企业,这同时反映了我国经济体中非国有企业的融资难题。现阶段,中国企业的融资方式以间接融资为主,信贷的绝大部分流向了一些效率不高的国有部门。这说明我国金融体系的发展更多地体现在"规模"的扩展上,而金融体系的运行效率较低。

2. 中国地区金融发展水平的度量

由于数据的缺失,一直以来对中国地区金融发展水平的度量是一个难题。基于数据的可获得性,本书将分别采用金融规模发展(fin1)、金融效率发展(私人信贷占比 fin2、fin3)这两个指标对中国地区金融发展水平进行度量。其中,金融规模发展采用各地区的金融机构存贷余额占GDP的比值计算,私人信贷占比 fin2、fin3 分别采用张军和金煜(2004)、赵勇和雷达(2010)的两种不同的方法进行计算。两者的区别体现在对国有企业占比的度量上,前者采用国有工业企业产值占全部工业总产值的比例,后者采用全社会固定资产总投资中来源于国有经济的比例。

选择金融机构存贷余额占GDP的比值度量中国地区的金融规模发展具有一定的合理性。尽管经过30多年的金融体制改革,资本市场等直接融资市场逐步发展,极大地丰富了我国的金融体系结构。但总体来说,我国金融结构仍以银行等间接融资市场为主。国际清算银行、证监会、国际货币基金组织所属的国际金融统计机构等公布的资料显示,2009年,我国金融体系结构中银行贷款、政府债券和非政府债券占据超过70%的比重,在企业部门的融资总量中,银行信贷占近90%(世界银行和国务院发展研究中心,2013)。因此,用金融机构存贷余额占比度量的金融机构资产规模可在很大程度上反映我国的金融体系规模。选择私人信贷占比度量中国地区的金融效率发展:一方面是囿于数据限制,无法获得地区水平上的银行业结构、资本市场相对规模等相关变量的数据;另一方面,私人信贷占比在一定程度上反映了金融资源在多大程度上流向了有效率的生产部门,从而反映地区金融效率发展程度。

从图3.2来看,我国各地区自1993—2010年以来,以金融相关比率度量的金融规模发展指标基本大于1,但大部分地区增长趋势不明

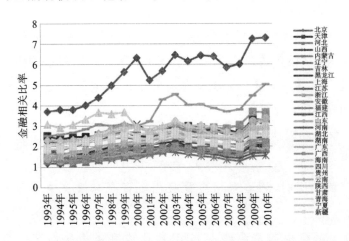

图3.2 1993—2010年中国各地区金融规模发展

显。与其他地区形成鲜明对比,北京和上海金融规模增长速度较快,到2010年为止,北京金融相关比率高达7.30,上海金融相关比率高达5.03,远远超过其他地区。这反映了我国金融发展水平在地区间处于极度不平衡的状态,北京和上海作为我国的金融中心,集中了较多的金融资源。

图3.3展现了1993—2010年中国各地区私人信贷占比的平均值,其中私人信贷占比fin2采用张军和金煜(2004)的方法计算,私人信贷占比fin3采用赵勇和雷达(2010)的方法计算,两类指标的变化趋势高度相同。私人信贷占比的趋势图显示中国各地区的私人信贷占比呈现出高度的波动性:1993—2003年,私人信贷占比呈现出微弱的上升趋势,2003—2008年却显著下降,甚至低于1993年的期初水平。这反映了这一期间我国金融发展效率并未得到显著提升。2008—2010年,我国金融发展效率有所回升。

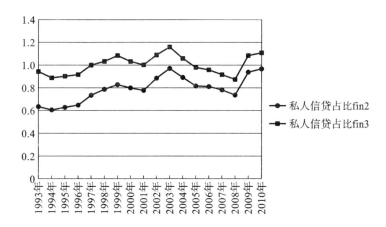

图3.3 1993—2010年中国各地区私人信贷占比的平均值

第二节
中国各地区全要素生产率的度量

伴随着 TFP 理论的发展，TFP 的度量方法也逐步创新。对现有度量 TFP 的文献进行整理，可将其归纳为四种主流度量方法：生产函数法、增长核算法、随机前沿分析法以及数据包络分析法。其中，传统的生产函数法在所有生产者都处于技术前沿水平的前提假设下，用产出增长减去要素投入贡献后所得的余额（索洛余量）来表示全要素生产率。但 Farrell(1957) 对这种方法进行了批判：在生产过程中，大部分生产者不能达到最优生产效率，技术无效率现象广泛存在。另外，生产函数设定的差异也将造成计算结论存在较大的不同。增长核算法和数据包络分析法对中国全要素生产率进行测算也存在一定的局限性：增长核算法的前提条件是完全竞争市场和规模报酬不变，这显然与中国的实际情况相违背；而数据包络分析法对数据精准性的要求较高，原始数据的细小偏误将使测算结论形成较大的差异。随机前沿分析方法是现有文献中运用较多的一种测算方法，它放松了传统生产函数法和增长核算法关于技术有效、完全竞争及规模报酬不变等假设，且考虑了随机因素对于产出的影响，这有效地克服了以上几种方法的局限性。因此，本章将使用随机前沿分析法对中国各地区的全要素生产率进行度量。

1. 随机前沿分析法

随机前沿分析法主要度量决策单元的生产效率问题。对于面板数据模型，随机前沿生产函数的一般形式可以表示为：

$$y_{it} = f(x_{it}, t; \beta) \exp(v_{it} - u_{it}) \qquad (3.3)$$

$$u_{it} = \exp[\eta(T-t)] u_i \qquad (3.4)$$

$$TE_{it} = E[\exp(-u_{it})|\varepsilon_{it}] \qquad (3.5)$$

其中，i 用来识别第 i 个决策单元；t 表示生产时期；y 表示产出；x 为生产的投入要素向量；β 为函数的待估参数；T 表示基准年；TE_{it} 表示技术效率；误差项表示实际产出与潜在产出的差异，它由 v_{it}、u_{it} 两部分组成，其中，v_{it} 为随机误差项，表示统计误差或诸如气候等随机因素对产出的影响，假设其服从标准正态分布，即 $v_{it} \sim N(0, \sigma_v^2)$，$u_{it}$ 为技术无效率所引起的误差项，表示技术无效率对产出的影响，由 $\exp[\eta(T-t)]$ 和 u_i 两部分组成，其中，u_i 服从截断正态分布或半正态分布等分布形式；η 为技术效率的时变参数，若 $\eta > 0$，表示技术效率随着时间逐渐上升，若 $\eta < 0$，表示技术效率随着时间逐渐下降；技术效率 TE_{it} 可表示为 u_{it} 的期望值，是 0 到 1 之间的数，TE_{it} 越大表示该决策单元的技术效率越高，它的倒数反映了当前投入下产出的可扩大倍数。

2．样本选择及数据说明

本节主要度量中国各地区的全要素生产率。考虑到西藏资源禀赋与其他地区存在较大的差异且相关数据严重缺失，本节未将其纳入分析框架之内；重庆于 1997 年才被列为直辖市，在此之前属于四川的辖制范围内，为保持统计口径的一致性及齐整性，将重庆市纳入四川省。因此，本章的研究对象为中国 29 个地区。另一方面，我国于 1993 年正式确立社会主义市场经济体制，在此之后，金融体系功能逐渐完善，金融体系发展的市场化进程加快。鉴于本章的主要研究目标在于对金融发展的生产率效应进行深入探讨，因此本章选取的时间序列为 1993—2010 年。综上可知，本章的主要研究对象为 1993—2010 年中国 29 个地区的面板数据。全部数据来源于 1994—2011 年各年的《中国统计年鉴》、《中国人口和就业统计年鉴》、《新中国 60 年统计资料汇编》及对应年份的地方性统计年鉴。

3. 中国各地区全要素生产率的度量

运用随机前沿分析法度量全要素生产率需要预先设定生产函数形式，基于卡尔多程式化事实，将其设定为柯布-道格拉斯生产函数，具体形式如下：

$$\ln Y_{it} = \beta_0 + \beta_1 \ln K_{it} + \beta_2 \ln L_{it} + \beta_3 t + (v_{it} - u_{it}) \qquad (3.6)$$

其中 Y_{it}、K_{it}、L_{it} 分别表示第 i 个地区 t 时期的产出、资本和劳动。其中，产出变量采用各地区国内生产总值，并按 1993 年的不变价格水平进行平减。劳动力投入变量采用各地区的就业人数。统计年鉴中没有直接公布资本存量的相关数据。本章采用张军等(2004)的方法运用永续盘存法按不变价格估算各地区资本存量，当年资本存量可通过下式计算：$K_{it} = K_{i(t-1)}(1-\delta_{it}) + I_{it}$。其中 i 指第 i 个地区；t 指第 t 年；K 指资本存量；I 指当年投资水平。初始资本存量的计算可用各地区 1992 年的固定资本形成除以 10% 所得。当年投资采用《中国统计年鉴》公布的固定资产形成总额，并使用投资固定资产平减价格指数进行消通胀处理。δ_{it} 表示经济折旧率，根据张军等(2004)的估算，可取值为 9.6%。为消除价格因素的影响，使用固定资产价格指数对资本存量进行平减，将其转换成以 1993 年为基期的不变价格计价的资本存量值。所有的原始数据均来源于 1994—2011 年《中国统计年鉴》、《新中国 60 年统计资料汇编》，2005 年以前的资本存量估算数据来自张军等(2004)的计算。利用 Frontier 4.1 软件对式(3.6)进行估计，具体结果如表 3.2 所示。

表 3.2 随机前沿生产函数估计

变 量	系 数	估 计 值	t 统计量
C	β_0	2.536***	22.323
$\ln K$	β_1	0.211***	7.936

续表

变量	系数	估计值	t统计量
$\ln L$	β_2	0.100***	4.618
t	β_3	0.003**	1.817
σ^2		0.082***	2.530
γ		0.984***	153.274
μ		0.423***	5.763
η		0.007***	5.934
对数似然函数值		899.650	
技术无效率不存在的LR检验		741.162***	

注：*、**、***分别表示在10%、5%、1%的显著水平下通过了检验。

由表3.2可知，表中所有参数的估计结果都通过了5%水平的显著性检验。γ值高达0.984，且LR检验在1%显著水平上拒绝了技术无效率不存在假设，这表明决策单元的生产行为存在技术无效率，运用随机前沿模型能更好地拟合生产函数。Frontier 4.1软件只能直接估算决策单元的技术效率，根据刘秉镰等(2010)的方法，各地区的全要素生产率可通过下式计算：

$$\text{TFP}_{it} = \exp(\beta_0 + \beta_3 t)\text{TE}_{it} \quad (3.7)$$

上式中，$\exp(\beta_0+\beta_3 t)$表示t时期的前沿技术水平；TE_{it}表示技术效率。

经核算，1994—2010年中国全要素生产率平均增长速度如表3.3所示。

表3.3 1994—2010年中国全要素生产率年均增长速度

年份	1994年	1995年	1996年	1997年	1998年	1999年
TFP增长率/(%)	0.717	0.714	0.711	0.709	0.706	0.703

续表

年份	2000年	2001年	2002年	2003年	2004年	2005年
TFP增长率/(%)	0.701	0.698	0.695	0.693	0.690	0.688
年份	2006年	2007年	2008年	2009年	2010年	—
TFP增长率/(%)	0.685	0.683	0.680	0.678	0.675	—

从估算结果来看，全国TFP增长率基本处于0.7%左右，且呈现出逐年下滑的趋势。这一结论与现有诸多学者的测算结果相似。颜鹏飞和王兵（2004）基于DEA方法测度1978—2001年中国省域TFP，发现1997年后全要素生产率出现递减趋势。郑京海和胡鞍钢（2005）的测算结果发现，自1995年以来，中国呈现出高经济增长率、低生产率增长并存的局面，这标志着中国经济增长模式出现了重要转变，TFP的作用明显下降。章祥荪和贵斌威（2008）的测算结果表明1998—2005年间我国全国范围内TFP增长率仅为−0.48%，东部为1.59%，中部为−3.22%，西部为−3.28%，与1992—1997年相比呈下降趋势。宫俊涛等（2008）及姚战琪（2009）分别对中国制造业和中国工业部门的全要素生产率进行测算，结果发现，自1994年后，TFP呈负增长。

第三节　中国金融发展与全要素生产率的关系初探

本书前文指出，金融体系的发展与完善将促进地区或国家的全要素生产率的增长。这表明，从金融发展指标和全要素生产率指标的数据特征来看，两者在一定程度上将呈现正相关性。本节将使用金融发展指标与全要素生产率指标的度量结果,在同一坐标图上进行散点图分析,并描绘两者关系的趋势线。通过对趋势线走向的判断,从统计性分析的角度分析两者之间可能存在的关联性。

图 3.4 展示了中国各地区金融规模发展与全要素生产率的散点图及趋势线。从图中可以看出,趋势线是一条斜向上的曲线,这表明金融规模发展指标与全要素生产率之间呈现显著的正相关性。图 3.5 及图 3.6 分别展示了采用两种指标度量地区金融发展效率时,金融效率发展与全要素生产率的散点图分布。图 3.5 及图 3.6 表明,金融效率发展与全要素生产率之间的趋势线也呈现出斜向上的特征,这表明金融效率发展与全要素生产率之间也呈现出显著的正相关性。

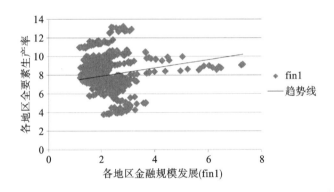

图 3.4 中国各地区金融规模发展(fin1)与全要素生产率的散点图及趋势线

值得注意的是,散点图及趋势线的描述只能从统计上证明两者存在一定的正相关性,并不能作为判断和证明两者之间存在因果关系的依据,因为这可能是两者存在相同的时间变化趋势所致。为了更准确地说明金融发展对全要素生产率的影响及具体的作用机制,还需用实证研究等更精确的方法对此进行验证。

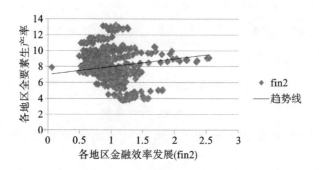

图 3.5 中国各地区金融效率发展(fin2)与全要素生产率的散点图及趋势线

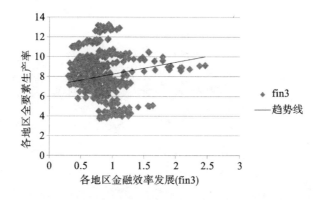

图 3.6 中国各地区金融效率发展(fin3)与全要素生产率的散点图及趋势线

第四节 本章小结

经过多年的金融体制改革,我国金融体系已基本建成现代化的金融组织体系,金融发展规模的扩张和金融发展效率的提升取得了一定的进展。通过对我国金融改革历程进行回顾,能准确把握我国金融发展走向,并发现我国金融发展具有一定的外生性——政府政策对金融组织制度和结构产生重要的影响,继而决定了我国金融发展水平。对我国1993年以来的金融发展水平从规模和效率的角度分别进行度量,数量指标的演变趋势表明我国金融发展更多地体现在规模的扩张上,而金融效率处于较低的水平。此外,我国金融发展过程中存在证券市场发展进程缓慢、国内地区间的金融资源分布不均衡、私人信贷占比较低等问题。这与张军等学者的结论一致,他们指出,中国金融改革并未对中国金融体系产生实质性的影响,仍处于严重滞后的状态。特别是随着我国市场经济体制的日益深化,金融体制中的一些深层次的问题和矛盾将逐渐凸显,可能成为抑制经济增长的重要因素。因此,在下一阶段的金融体制改革过程中,应该注重金融发展效率的提升。本章运用随机前沿分析法对中国全要素生产率进行度量,结果表明,1993—2010年间中国各地区的平均全要素生产率呈显著上涨趋势,但增长率逐年下降,这与现有文献的结论基本一致。对中国各地区全要素生产率与金融发展指标进行统计性描述发现,两者间存在正相关性。这从统计性分析的角度,为金融发展与全要素生产率之间的正相关性提供了证据。

第四章

金融发展对中国全要素生产率的影响效应分析

前文已采用数理模型推导的方法论证金融发展对 TFP 的影响,并提出五个可供检验的假说。本章主要从实证研究的角度验证金融发展对 TFP 的影响效应,并主要对假说 1 和假说 2 进行检验(其他假说将在后面的章节中进行验证),以便为金融发展的生产率效应进行经验验证。

自 20 世纪 90 年代以来,金融发展对全要素生产率的影响逐步受到诸多学者的关注,有关这方面的经验研究也大量涌现。Beck 等(2000)在跨国研究的框架下发现银行部门的发展能显著促进经济增长和全要素生产率增长。Calderon 和 Liu(2003)的研究表明,金融深化通过快速的资本积累和生产率增长两种渠道促进经济增长,而后者的效应更强。Rajan 和 Zingale(1998)首次从产业层面上检验金融发展对全要素生产率的影响。基于对产业外部融资依赖性的测算,他们发现:在短期内,金融发展通过将资源配置给利润最高的投资促进增长;在长期内，金融发展程度更高的企业将大部分资源配置给外部融资依赖性更强的产业，而这些产业一般是 R&D 和技术密集型的产业。Arizala 等（2009）以 1963—2003 年 77 个国家 26 个制造产业为研究对象，发现金融发展与产业层面的 TFP 增长率存在显著的正相关性：当金融发展程度增长 1 个标准差时，对外部融资依赖程度高的产业 TFP 增长率将年均增长 0.6%。但部分学者就金融发展对全要素生产率的促进作用持怀疑态度。Acemoglu 等（2002）指出，金融发展的生产率效应受到了国家增长战略的影响。具体而言，在资本积累性的增长战略指导下，金融部门将更愿意为那些现存企业提供融资服务，这将造成资本的迅速积累但生产率不会发生改变；而发达国家存在着强烈的 TFP 提升性投资激励，金融部门更愿意为创新和技术发展提供融资，这将带来更大的生产率提升效应。Rioja 和 Valev（2003）对 Acemoglu 等（2002）的观点进行了检验，他发现，在不同的发展阶段，金融发展对生产率的影响存在较大的差异，金融发展的生产率效应只发生在发达国家。Benhabib 和 Spiegel（2000）的实证研究结论表明，金融发展能同时促进投资率和 TFP 增长。但是，不同的金融发展指标对 TFP 的影响存在较大的差异。流动性指标只能通过要素积累率影响增长率，但私营部门金融资产占 GDP 的比例能同时加快要素积累率和 TFP 增长，从而产生内生性的经济增长。

  本章将以 1993—2010 年中国 29 个地区的面板数据作为研究对象，分别探索金融规模发展与金融效率发展对中国各地区全要素生产率及其增长率的影响。

第一节
计量模型的构建

在前人的基础上,本书前文对金融发展的生产率效应研究做出了向前一步的推进,并提出了两个可供检验的假说。假说 1:金融体系的发展将促进社会平均生产率的提升。假说 2:金融发展水平的提升将促进全要素生产率增长速度的增长,但这种促进效应随着金融发展水平的增长呈现出递减趋势,直至达到完全信贷市场时消失。为验证这两个假说,本章分别构建了以下计量模型。

假说 1 的检验方程:

$$\mathrm{TFP}_{it} = \beta_0 + \beta_1 \mathrm{fin}_{it} + \beta X_{it} + \xi_{it} \qquad (4.1)$$

假说 2 的检验方程:

$$\ln\left(\frac{\mathrm{TFP}_{it}}{\mathrm{TFP}_{i(t-1)}}\right) = \alpha_0 + \alpha_1 \mathrm{fin}_{it} + \alpha X_{it} + \xi_{it} \qquad (4.2)$$

为便于计量分析,对式(4.2)进行以下变形,这不会改变原方程的经济含义:

$$\ln(\mathrm{TFP}_{it}) = \alpha_0 + \alpha_1 \mathrm{fin}_{it} + \alpha_2 \ln(\mathrm{TFP}_{it-1}) + \alpha X_{it} + \xi_{it} \qquad (4.3)$$

其中,变量 i 和 t 分别表示第 i 个地区和 t 时期;TFP 表示地区的全要素生产率;fin 表示金融发展水平;X 表示影响全要素生产率的其他控制变量;ξ 为随机误差项。式(4.1)中,当 fin 的系数大于 0 时,表明金融发展水平的提升将有利于提升全要素生产率。式(4.2)中,$\ln\left(\frac{\mathrm{TFP}_{it}}{\mathrm{TFP}_{i(t-1)}}\right)$ 表示全要素生产率的对数增长率。在式(4.1)中,当 fin 的系数大于 0 时,表明良好的金融系统将促进全要素生产率增长率的提升。为对假说 2 的后半部分进行验证,本章将把整体样本按照金融发展程度分为子样本一(金融发展处于中、低等水平的地区)和子样本二(金融发展水平较高的地区),并分别对式(4.3)进行回归。若样本一中 fin 的系数值为正且大于样本二中对应的系数值,则表明金融发展水平将促进全要素生产率增长率的增长,但这种促进效应在金融发展水平较高的地方表现较弱。

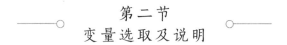

第二节 变量选取及说明

一、核心变量

核心变量为各地区的金融发展水平(fin)。根据前文理论分析的论证,发达的金融体系将有效地缓解企业的融资约束问题,从而有利于企业进行生产率提升性的投资行为和优化资源配置,进而促进一国或地区全要素生产率的增长。本章已在前文分别从信贷总额占比(fin1)与私人信贷占比(fin2、fin3)两个方面对中国各地区金融发展水平进行了度量。为保证分析结论的稳健性,本章将先后使用这些指标进行计量分析。

除了金融发展水平外,还有诸多影响全要素生产率的其他变量。为准确分析金融发展在全要素生产率演变过程中发挥的作用,对这些变量进行控制。

二、控制变量

(1)基础设施(infra)。基础设施对 TFP 的影响来源于四个方面:一是基础设施的完善降低了资源流通成本,有利于提升资源的使用效率;二是基础设施的完善促进了知识和消息在不同生产主体间的交流与传播,加快了技术扩散速度;三是基础设施的完善为经济主体的市场扩张行为提供保障,有利于形成规模经济和集聚经济,发挥规模效应和外部性效应;四是基础设施的完善在一定程度上打破了由空间距离造成的市场保护,促进了市场竞争。本章利用各地每平方公里的公路通行里程度量各地的基础设施。

(2) 人力资本(hum)。内生增长理论认为,人力资本是解释全要素生产率的重要原因,它通过影响技术创新能力、技术外溢吸收能力等渠道对全要素生产率产生显著影响。借鉴陈钊等(2004)的方法用各地区6岁及以上人口的平均受教育年限来度量各地区的人力资本水平。具体计算法则为:将文盲的平均受教育年限设定为0年,小学学历的为6年,初中学历的为9年,高中学历的为12年,大专及以上学历的为16年。用每一种受教育水平的人数乘以对应的平均受教育年限,并加总,最后除以各地区6岁以上总人口数。其中,1995年仅公布了各地区每十万人受教育情况,未公布6岁及以上人口占比,因此无法计算该年的人力资本。为保持数据的连续性,本章采用1994年和1996年人力资本的平均数对该年数据进行补充。

(3) 城市化进程(urban)。城市化水平的提升促使劳动力从低效的农业部门释放出来,转移到生产率较高的第二、三产业部门,这在一定程度上促进了TFP的增长。此外,伴随着地区城市化水平的提升,教育、医疗体系将逐渐完善,这有利于人力资本的提升与积累。还有部分学者指出,城市化水平将促进生产要素的集聚,有利于发挥规模经济效应。本书采用各地区非农人口占总人口的比值表示城市化进程。

(4) 对外开放程度。一般而言,对外开放包括两个方面的内容:对外贸易(trade)和外商直接投资(FDI)。对外贸易通过物化在进口资本品中的技术扩散、出口中学习、竞争效应等渠道对TFP产生影响。FDI通过示范-模仿效应、竞争效应、前后向联系效应及人员培训与流动效应等渠道影响 TFP。本章用各地区进出口总额占 GDP 的比重度量对外贸易的开放程度,用各地区外商直接投资占 GDP 的比重度量外资开放程度。其中,各地区进出口总额和外商直接投资实际利用额按照当年年均汇率进行折算。

全部数据来源于 1994—2011 年《中国统计年鉴》、《中国劳动统计年鉴》、《中国人口和就业统计年鉴》及对应年份的地方性统计年鉴。

第三节 各变量的描述性分析

表 4.1 报告了所有变量的统计特征。另外,为了对所选变量之间的相关性及其对被解释变量的解释能力进行统计上的描述,运用 Pearson 相关系数检验法对变量间的相关性及其显著性水平进行检验。具体检验结论如表 4.1 所示。

表 4.1 主要变量的统计特征及相关系数

面板数据 A:对各变量进行 Pearson 相关性检验									
	TFP	fin1	fin2	fin3	infra	urban	hum	FDI	trade
TFP	1.000								
fin1	0.214***	1.000							
fin2	0.306***	0.921***	1.000						
fin3	0.199***	0.943***	0.962***	1.000					
infra	0.447***	−0.314***	−0.487***	−0.367***	1.000				
urban	0.151***	0.411***	0.356***	0.418***	−0.207***	1.000			
hum	0.304***	0.352***	0.170***	0.305***	0.098***	0.354***	1.000		
FDI	0.387***	0.063	0.045	0.111***	−0.225***	0.417***	0.315***	1.000	
trade	0.369***	0.339***	0.232***	0.333***	−0.166***	0.623***	0.502***	0.631***	1.000

续表

面板数据 B:对各变量进行统计性描述									
均值	8.239	2.333	0.998	0.789	7.065	0.326	7.653	0.035	0.316
标准差	2.035	0.867	0.326	0.325	5.818	0.160	1.352	0.038	0.417
最小值	3.754	1.158	0.062	0.303	0.368	0.127	0.777	0.001	0.032
最大值	13.234	7.302	2.541	2.460	38.303	0.889	20.144	0.242	2.327
观察值	522	522	522	522	522	522	522	522	522

注:***、**、*分别表示通过了1%、5%、10%的显著性检验。

从表4.1中可以看出,绝大部分解释变量与全要素生产率之间的相关系数的符号与预期相符,其中三个表示金融发展水平的变量与地区全要素生产率之间的相关系数分别为0.214、0.306和0.199,且通过了1%水平上的显著性检验。以上统计结果初步表明,金融发展水平与地区全要素生产率之间存在一定的正向联系。此外,全部变量之间的相关系数绝对值均小于0.5(除了表示金融发展水平的三个变量外)。进一步进行方差膨胀(VIF)因子分析,VIF值均处于[1.03,2.08],属于正常范围,因此本章回归可不考虑多重共线性的影响。为了深入分析金融发展与全要素生产率之间的关系,本章将继续运用计量分析方法进行验证。

第四节 金融发展对全要素生产率的影响效应

一、对假说1的检验

为了验证回归结果的稳定性,本章分别使用三种不同的度量金融发展水平的指标进行回归分析。使用普通最小二乘法分别对模型(4.1)的三种效应模型(混合效应模型、固定效应模型和随机效应模型)进行回归估计,相关估计结果如表4.2所示。为了克服各地区可能存在的异方差,所报告的标准误都经过了怀特异方差修正。下文对估计结果进行分析。

表4.2　模型(4.1)的相关估计结果(一)

变量	解释变量:fin1			解释变量:fin2		
	混合估计	FE	RE	混合估计	FE	RE
fin	0.8025***	0.0228	0.0177	0.1949***	0.1132***	0.1105***
	(0.7335)	(0.0650)	(0.0655)	(0.3593)	(0.0377)	(0.0371)
infra	0.1182***	0.0222***	0.0226***	0.1324***	0.0228***	0.0232***
	(0.0231)	(0.0048)	(0.0047)	(0.0237)	(0.0047)	(0.0046)
hum	0.1753	0.0944***	0.0947***	0.3047*	0.0804***	0.0809**
	(0.1218)	(0.0341)	(0.0343)	(0.1512)	(0.0322)	(0.0324)
urban	−0.4623	2.3834***	2.3373***	−0.7174	2.0460***	2.0142***
	(1.7438)	(0.4268)	(0.4165)	(1.7177)	(0.4387)	(0.4275)
FDI	−3.2665	−0.2361	−0.2683	−5.4394	−0.3128	−0.3356
	(5.7000)	(0.6958)	(0.7083)	(5.7690)	(0.6912)	(0.7039)
trade	3.2548***	−0.0217	−0.0097	3.6869***	−0.0472	−0.0372
	(0.7459)	(0.0807)	(0.0826)	(0.7312)	(0.0831)	(0.0824)
_cons	8.0939***	6.5737***	6.5864***	7.0169***	6.5564***	6.5647***
	(1.0631)	(0.2347)	(0.5139)	(1.1681)	(0.2120)	
R^2	0.5353	0.8283	0.8282	0.5407	0.8469	0.8468
面板设定 F 检验		41.53*** [0.0000]			64.89*** [0.0000]	
BP-LM 检验			1951.50*** [0.0000]			2000.2*** [0.0000]

续表

变量	解释变量:fin1			解释变量:fin2		
	混合估计	FE	RE	混合估计	FE	RE
Hausman 检验			69.93*** [0.0000]			55.57*** [0.0000]
观察值	522	522	522	522	522	522

注:①()内的数字表示回归系数的异方差稳健标准误,[]内的数字表示对应统计量的 P 值。下同。

②***、**、*分别表示1%、5%、10%的显著性水平。下同。

③FE、RE分别表示固定效应估计和随机效应估计。

表4.2第2~4列报告了以各地区存贷总额占比作为度量金融发展水平的指标所估计的相关回归结果。为了检验何种模型更能刻画数据特征,本章分别进行了面板设定的 F 检验、BP-LM 检验和 Hausman 检验。检验结果表明,面板设定的 F 值通过了1%的显著性水平检验,这表明个体效应显著存在,固定效应模型比混合估计模型更能刻画数据特征;而 BP-LM 检验在1%的水平上显著,说明随机效应模型比混合估计模型更合适。Hausman 检验在1%显著性水平上拒绝原假设,说明固定效应模型比随机效应模型更优。因此,在此模型中固定效应模型的回归结果更具有解释力,下文将以固定效应模型的结论作为主要的分析依据。

模型(4.1)的固定效应估计结果表明(以存贷总额占 GDP 的比例作为金融发展指标),金融发展对全要素生产率的影响为正,但未能通过显著性检验,这表明地区的金融深化并未能对全要素生产率产生显著为正的影响,这一结论似乎与我们的数理模型得出的假说相违背。但通过对中国金融系统运作的微观机制进行深入研究,不难发现产生这一现象的内在原因。现阶段中国金融体系存在以下内在特征:金融体系以银行业为主导,资本市场发育不足,而银行体系基本被国有银行垄断。在这种国有银行主导的金融体系下,信贷行为存在明显的"国有企业偏向"——银行更愿意为国有企业贷款,而民营企业面临着严重的信贷歧视和信贷约束。此外,金融资源作为经济发展的重要生产要素,长期以来受到政府的管制,"金融抑制"现象长期存在。特别是在对金融资源的配置过程中,遵循政治"主从次序",即优先将资源配置给政治地位相对较高但效率相对较低的国有企业,然后给次高的集体企业,最后是最有效的私人企业(黄亚生,2005)。因此,在金融体系运作由国有银行主导及政府管制的双重背景下,金融资源更多地流向了国有企业。这一现象在大量有关中国金融发展的文献中有所体现。卢峰和姚洋(2004)指出,即使到2000年以后,中国银行体系仍存在严重的国有银行垄断现象,国有银行贷款占总贷款比例超过了77%,而其中只有不到20%的贷款流向了非国有部门。Brandt和Li(2003)对银行和企业的数据进行匹配后发现,中国金融体系的信贷行为具有明显的"所有制歧视"特征,私营企业很难从正规的银行体系获得贷款。刘瑞明(2011)总结了中国金融体系"信贷歧视"现象产生的三种原因:一是政治方面,国有企业的贷款违约在国内是可被接受的,但私营企业的贷款违约可能被怀疑接受贿赂;二是大部分非国有企业是中小型企业,这类企业在贷款方面先天性地存在成本高、风险大等劣势;三是金融监管部门出台的商业银行贷款政策和纪律,使得银行更加"惜贷",而大部分贷款缺口被转嫁到了私人企业身上。总而言之,在这种具有明显"所有制歧视"的信贷体制下,信贷总额增长的好处大部分被国有企业分享。在当前经济体系中,国有企业效率一般低于非国有企业已成为一个不争的事实。刘小玄(2000,2003)通过对全国工业普查数据的分析发现,国有企业效率在全部所有制结构的企业中最低。张军(1994)从国家和国有企业之间的隐形契约出发,探索国有企业的市场退出机制障碍,发现低效的国有企业能长存于市场。林毅夫等(1997)认为,国有企业在国家赶超战略中承担着重要角色,大量政策性负担和所担任的就业等社会重任造成国企负担过重,无法提升效率。张维迎(1999)和吴延兵(2012)等学者从产权角度阐述了国有企业效率低下的原因,国有控股的产权制度造成国有企业内部委托代理机制问题难以有效解决、监督激励机制不完善、剩余索取权与剩余控制权错配等问题,致使国有企业低效。无论从何种原因出发,国有企业效率偏低、生产率提升动力不足已成为学术界的共识。事实上,大量学者曾指出,中国金融体系的"信贷歧视"在较大程度上损害了金融体系的效率,并加重了国有企业对整体经济效率的"拖累效应"(刘瑞明,2011;吴延兵,2012)。因此,在信贷配给明显偏向低效的国有企业的现实中,金融深化不一定能达到促进全要素生产率提高的目标,这就不难理解当以信贷总额占比作为金融发展指标时,对生产率的促进作用并不显著的原因了。

为了进一步深入分析金融发展对全要素生产率的影响,本章将私人信贷占比作为金融效率发展指标,对全要素生产率进行回归分析。在核算私人信贷占比指标时,为了分析结果的稳健性,本章分别以国有产值占比和全社会固定资产投资中国有企业占比作为计算国有企业信贷占比的依据,并运用张军等(2004)的方法计算了私人信贷占比指标,即 fin2 和 fin3。随后,本章依次采用这两种私人信贷占比指标作为金融发展指标进行回归分析,表 4.2 报告了相关估计结果。与前文分析类似,本章对模型分别采用混合效应、固定效应和随机效应估计方法进行回归。面板设定的 F 检验和 BP-LM 检验结果均显著,说明混合效应模型不适合刻画模型特征,而 Hausman 检验结果表明固定效应模型优于随机效应模型。因此，本章将采用固定效应模型的估计结果作为分析依据。相关估计结果表明，以私人信贷占比度量的金融发展指标对全要素生产率产生了显著为正的影响，对采用不同方法计算出的私人信贷占比指标进行回归分析，并不会改变这一结论，这说明金融发展对全要素生产率的促进作用具有较强的稳健性，这为假说1提供了有利的实证支撑。本章认为，产生这一结论的原因在于两个方面：一方面，私人信贷占比的增加有效缓解了非国有企业的融资约束，为非国有企业的生产率提升行为提供了必要的资金，从而促进了整体经济全要素生产率的提高；另一方面，私人信贷占比增加挤占了信贷市场上国有企业的可支配资金，从而减轻了资金的低效配置状况，减轻了国有企业对生产率的"拖累"效应。

另外，全要素生产率与金融发展之间可能存在内生性问题：一方面，金融发展有利于促进全要素生产率的提升；另一方面，全要素生产率的提升，可能造成金融体系对投资项目前景更加看好，从而加大信贷力度，造成金融体制改革的进一步深化和私人信贷占比的进一步增多。为了解决可能存在的内生性问题，本章将采用工具变量法对模型(4.1)进行进一步的回归分析。工具变量应该尽量选择外生性变量，选择与解释变量密切相关且在理论上不与被解释变量相关的变量。本章采用一般文献中使用的办法——将金融发展指标的滞后一期项作为工具变量进行分析。工具变量法的估计结果如表4.3第5～7列所示。工具变量法的估计结果与上述结论基本保持一致：以存贷总额占比指标进行回归分析，发现金融发展并不能对全要素生产率产生显著为正的影响；以两个私人信贷占比指标进行回归分析，结论表明金融发展能显著促进全要素生产率的增长。因此，内生性并未对假说1的检验结论产生明显的影响,这强化了金融发展对全要素生产率促进作用的分析。

表4.3 模型(4.1)的相关估计结果(二)

变量	解释变量:fin3			IV 估计		
	混合估计	FE	RE	fin1	fin2	fin3
fin	0.7050***	0.1333*	0.1293*	0.0117	0.1185***	0.1389***
	(0.7916)	(0.0676)	(0.0674)	(0.0394)	(0.0188)	(0.0377)
infra	0.1347***	0.0226***	0.0229***	0.0231***	0.0238***	0.0236***
	(0.0218)	(0.0046)	(0.0045)	(0.0018)	(0.0016)	(0.0017)
hum	0.2449*	0.0886**	0.0889**	0.0857***	0.0718***	0.0795***
	(0.1368)	(0.0335)	(0.0336)	(0.0069)	(0.0069)	(0.0069)
urban	−0.7196	2.2461***	2.2109***	2.2385***	1.8782***	2.0842***
	(1.7882)	(0.4217)	(0.4124)	(0.2104)	(0.2058)	(0.2074)
FDI	−2.6872	−0.2451	−0.2702	−0.5226	−0.5699*	−0.5384*
	(5.9032)	(0.6944)	(0.7066)	(0.3289)	(0.3116)	(0.3196)
trade	3.2819**	−0.0379	−0.0281	−0.0369	−0.0416	−0.0477
	(0.7794)	(0.0802)	(0.0806)	(0.0461)	(0.0436)	(0.0448)
_cons	6.8393***	6.5839***	6.5916***	6.7158***	6.6727***	6.7157***
	(1.0421)	(0.2304)	(0.5215)	(0.2206)	(0.2214)	(0.2309)
R^2	0.5229	0.8349	0.8348	0.8237	0.8419	0.8302
面板设定 F 检验		74.73*** [0.0000]				
BP-LM 检验			2064.18*** [0.0000]			
Hausman 检验			50.18*** [0.0000]			
观察值	522	522	522	522	522	522

其他解释变量在全部回归中的估计结果基本类似，表明估计结论具有较强的稳定性。相关估计结果表明，基础设施对全要素生产率产生了显著为正的影响。这与刘生龙和胡鞍钢(2010)等学者的结论类似，基础设施的完善有利于外溢效应、规模经济及竞争效应的发挥，从而促进了全要素生产率的增长。人力资本的系数显著为正，对全要素生产率具有显著的促进作用，这与内生经济理论的结论相符合。较高的人力资本提高了劳动力的边际生产率、促进了资本的有效利用，与此同时，人力资本还是技术外溢和技术创新的重要主体。城市化水平的提升对全要素生产率产生了显著的正效应。这也是与预期相符的，城市化的快速推进有利于释放农村剩余劳动力，促进规模经济集聚效应的发生，从而促进全要素生产率的提升。但对外开放的两个变量——国际贸易和FDI在所有回归分析中，估计系数均为负值，且不显著，这表明对外贸易对全要素生产率产生了负面效应，但这一负面效应并不明显。这一结论与预期相反，本章对此进行了深入分析。国际贸易在一定程度上可能通过技术外溢效应和竞争效应对全要素生产率产生促进作用。郑文和张建华(2012)指出，国际贸易可能通过以下渠道抑制企业进行全要素生产率提升性的投资行为。首先，国内出口企业在国际市场面临着研发创新的后发劣势，国际已有技术对国内企业的创新造成较强的专利障碍和壁垒，除非国内企业有实质性的创新，否则无法应用。其次，国际主导企业对我国出口企业的研发行为进行打压和控制，造成严重的"俘获效应"和"锁定效应"，从而造成出口企业技术进步的"天花板效应"。因此，国际贸易对全要素生产率的影响取决于正负双方力量之间的博弈结果，只有当技术外溢效应大于壁垒效应时，才能显著促进全要素生产率的增长,反之亦然。一直以来,学术界关于FDI对全要素生产率的作用争议较大。de Mello(1999)等学者认为FDI是东道国技术进步的催化剂,它通过示范效应、前后向联系效应、竞争效应和劳动力流动效应等渠道促进了东道国全要素生产率的提升。但Aitken和Harrison(1999)等学者的研究表明,FDI可能通过"窃取"东道国的市场,导致国内企业丧失规模效应,造成生产成本增加和生产效率下降等后果。还有部分学者指出,在资源较为匮乏的地方,FDI企业作为优势企业可能会抢占国内企业的生产和市场资源,从而造成国内企业的衰退。因此,FDI可能会对全要素生产率造成抑制效应。

二、对假说2的检验

假说2的检验方程(4.3)是一个典型的动态面板模型。该类模型的估计存在两个计量方面的难题,一是因变量滞后项作为解释变量,将与随机扰动项之间存在相关性,即模型存在内生性问题;二是不可观测的个体固定效应与被解释变量滞后项被同时引进模型,删除个体固定效应将造成普通最小二乘法估计结果有偏且不一致。为解决以上难题,Arellano和Bond(1991)提出采用一阶差分GMM估计法估计动态面板模型,这一方法不仅有效解决了普通最小二乘法估计所产生的估计偏差,还能在一定程度上控制双向因果关系产生的内生性问题。本章将采用该方法对模型(4.3)进行估计,研究对象为1993—2010年中国29个省级层面的全部面板数据。与前文类似,为保证估计结果的稳健性,本章分别将度量金融发展水平的三个指标依次引入模型,具体估计结果如表4.4及表4.5所示。

第四章 金融发展对中国全要素生产率的影响效应分析

表 4.4 模型（4.3）的相关估计结果（一）

变量	一阶差分 GMM 估计，解释变量：fin1				一阶差分 GMM 估计，解释变量：fin2			
	全部样本	子样本一	子样本二	全部样本	子样本一	子样本二		
lnTFP(-1)	9.9469E-01*** (2.7200E-05)	9.9532E-01*** (3.3900E-05)	9.9436E-01*** (5.3700E-05)	9.9482E-01*** (2.9700E-05)	9.9549E-01*** (3.1100E-05)	9.9441E-01*** (5.9300E-05)		
fin	3.4400E-05*** (2.2300E-06)	1.1800E-05*** (1.3100E-06)	1.1300E-05*** (1.0100E-06)	5.8600E-05*** (4.4700E-06)	2.1200E-05*** (2.2600E-06)	1.9100E-05*** (2.1200E-06)		
infra	4.2600E-06*** (2.3800E-07)	1.1800E-06*** (1.0900E-07)	2.0500E-06*** (1.8000E-07)	4.0300E-06*** (2.4500E-07)	1.0300E-06*** (1.0200E-07)	2.0700E-06*** (1.8900E-07)		
hum	5.4200E-06*** (7.5000E-07)	1.2800E-06*** (2.6100E-07)	6.3900E-06*** (1.2200E-06)	5.7000E-06*** (7.7800E-07)	1.2400E-06*** (2.6200E-07)	7.2000E-06*** (1.2600E-06)		
urban	7.3450E-04*** (3.4700E-05)	2.5540E-04*** (1.3200E-05)	2.8410E-04*** (2.6400E-05)	7.8470E-04*** (3.5300E-05)	2.5600E-04*** (1.3200E-05)	3.0300E-04*** (2.7200E-05)		
FDI	-2.8890E-04*** (5.0300E-05)	-1.9560E-04*** (2.3400E-05)	-8.6600E-05*** (2.6100E-05)	-3.1540E-04*** (5.2100E-05)	-2.1070E-04*** (2.3200E-05)	-8.0400E-05*** (2.7400E-05)		
trade	2.3400E-06 (6.8000E-06)	-1.0100E-05*** (4.0100E-06)	5.9500E-06** (2.8300E-06)	8.8600E-07 (7.0600E-06)	-9.0100E-06** (4.0500E-06)	4.9990E-06* (2.9500E-06)		
_cons	1.7553E-02*** (5.0200E-05)	7.0272E-03*** (2.8400E-05)	7.9813E-03*** (3.6100E-05)	1.7281E-02*** (5.5700E-05)	6.8723E-03*** (2.6900E-05)	7.9337E-03*** (4.0700E-05)		
Wald 检验	6.59E+09 [0.0000]	5.92E+09 [0.0000]	4.07E+09 [0.0000]	6.12E+09 [0.0000]	5.93E+09 [0.0000]	3.71E+09 [0.0000]		
观察值	464	304	160	464	304	160		

注：全部样本包含1993—2010年中国29个省级地区的全部面板数据；子样本一包含金融发展处于中高水平的19个省级地区1993—2010年的面板数据；子样本二包含金融发展处于中中下等水平的10个省级地区1993—2010年的面板数据。具体划分方法及子样本涵盖的地区请详见正文中相关描述。其余注释同表4.2，下同。

表 4.5 模型(4.3)的相关估计结果(二)

变量	一阶差分GMM估计,解释变量:fin3			系统GMM估计,解释变量:fin1		
	全部样本	子样本一	子样本二	全部样本	子样本一	子样本二
lnTFP(-1)	9.9476E-01***	9.9543E-01***	9.9436E-01***	9.9265E-01***	9.9280E-01***	9.9237E-01***
	(2.7900E-05)	(3.0300E-05)	(5.5800E-05)	(1.2800E-05)	(2.8500E-05)	(1.7800E-05)
fin	6.4200E-05***	2.2200E-05***	2.1500E-05***	3.6100E-05***	3.7300E-05***	4.8000E-06***
	(4.4900E-06)	(2.3800E-06)	(2.0800E-06)	(5.6300E-06)	(2.4800E-06)	(2.1900E-06)
infra	4.0400E-06***	1.0400E-06***	2.1200E-06***	6.3600E-06***	7.0800E-06***	2.2900E-06***
	(2.4000E-07)	(9.9400E-08)	(1.8500E-07)	(6.0000E-07)	(2.0000E-07)	(4.4200E-07)
hum	5.4400E-06***	1.1800E-06***	7.1200E-06***	3.0600E-05***	1.0400E-05***	3.7800E-05***
	(7.6300E-07)	(2.5800E-07)	(1.2400E-06)	(1.9800E-06)	(8.5900E-07)	(2.2700E-06)
urban	7.5560E-04***	2.4920E-04***	2.9660E-04***	1.9547E-03***	2.1180E-04***	7.4200E-04***
	(3.5000E-05)	(1.3200E-05)	(2.7000E-05)	(8.4600E-05)	(2.4100E-05)	(5.7100E-05)
FDI	-2.9880E-04***	-2.0070E-04***	-7.9400E-05***	-6.8250E-04***	-2.1270E-04***	-2.4090E-04***
	(5.1100E-05)	(2.2900E-05)	(2.7100E-05)	(1.4310E-04)	(5.8600E-05)	(6.9200E-05)
trade	-2.5900E-06	-1.1000E-05***	3.9000E-06	-1.5390E-04***	-6.4600E-05***	-3.8600E-05***
	(6.8500E-06)	(3.9100E-06)	(2.9000E-06)	(1.8200E-05)	(8.2400E-06)	(6.8000E-06)
_cons	1.7429E-02***	6.9361E-03***	7.9833E-03***	2.1227E-02***	9.2348E-03***	9.3056E-03***
	(5.1500E-05)	(2.5600E-05)	(3.7500E-05)	(2.8800E-05)	(2.3500E-05)	(1.4200E-05)
Wald检验	6.39E+09 [0.0000]	6.15E+09 [0.0000]	3.81E+09 [0.0000]			
AR(2)检验				0.5123	0.1169	0.2643
Sargan检验				1.0000	1.0000	1.0000
观察值	464	304	160	493	323	170

结论表明金融发展水平的系数显著为正,这意味着金融发展水平的提升将显著促进全要素生产率增长率的提高。当采用不同的金融发展指标进行回归分析时,这一结论依然成立。特别地,比较三个模型中金融发展指标系数可以发现,两个私人信贷占比指标的系数(分别为5.8600E−05和6.4200E−05)均大于存贷总额占比指标(3.4400E−05)的系数。这说明,私人信贷占比增长所带来的全要素生产率增长效应大于金融规模发展所带来的效应,这为"金融改革方向更应该注重金融效率的提升"这一观点提供证据。另外,全要素生产率对数的滞后项系数均为正数但小于1,这表明全要素生产率的增长率受到上一期全要素生产率增长率的正向影响。

为检验假说2中"金融发展对全要素生产率增长率的促进效应呈现递减趋势"这一观点,本章将全部样本按照金融发展水平划分成金融发展水平处于中下等的地区(样本一)、金融发展较高的地区(样本二)两个子样本。具体方法为,对1993—2010年各地区平均金融发展水平进行排序,选出金融发展水平较低的19个地区作为子样本一,其余地区为子样本二。最后划分结果为,子样本一包含河北、山西、内蒙古、辽宁、吉林、黑龙江、江苏、安徽、福建、江西、山东、河南、湖北、湖南、广东、广西、陕西、甘肃、新疆等19个地区;子样本二包含北京、天津、上海、浙江、海南、四川、贵州、云南、青海、宁夏等10个地区。分别以子样本一和子样本二作为研究对象,对模型(4.3)进行一阶差分GMM估计。表4.4及表4.5报告了相关结论。当采用信贷总额占比作为金融发展指标时,估计结果表明,子样本一中金融发展指标的系数显著为正,且大于子样本二中对应的系数值。这说明,金融发展水平的提升将加快全要素生产率增长的速度,且这一促进效应呈现递减趋势:当金融发展水平较低时,金融发展对全要素生产率增长率的促进效应较强(表现为金融发展指标的系数值较大),但随着金融发展水平的进一步提升,金融发展对全要素生产率增长率的促进效应将减弱。① 为验证这一结论的稳健性,本章分别采用其他度量金融发展水平的指标(以私人信贷占比度量金融发展水平)进行回归分析,发现上述结论依然成立。相关回归结果如表4.5所示。

但Blundell和Bond(2000)的数据模拟结果表明,在有限样本、内生变量和弱工具变量条件下,一阶差分GMM估计将产生较大的偏误。为校正这一偏误,他们在Arellano和Bond(1991)的研究的基础上提出系统GMM估计方法,该方法包含了同时对水平方程和差分方程的系统估计,在此,对于该方法的估计原理不详细展开。为了验证上述结论的稳健性,本章继续采用系统GMM估计法分别对全部样本、子样本一和子样本二进行相同的回归分析。值得指出的是,系统GMM估计结果的有效性严重依赖于两个假说:①工具变量有效;②误差项不相关。为了检验系统GMM估计的有效性,本章先后进行了Sargan工具变量过度识别检验和残差二阶序列相关检验。检验结果表明,在所有回归方程中,Sargan检验和AR(2)检验的伴随概率均大于10%,这表明系统GMM估计选取的工具变量是有效的,且不存在高阶自相关,系统GMM的估计结果总体上是可靠的。相关估计结果见表4.5和表4.6。

---

① 尽管北京、上海等发达地区的金融发展程度相对全国平均水平而言较高,但仍未达到模型中所假设的完全信贷市场条件。这些地区仍存在广泛的信贷市场不完全现象是一个不争的事实。因此,这些地区金融发展水平的提升将对全要素生产率的增长率产生显著为正的影响。由于样本限制,对于假说2中"当金融发展水平达到某一临界值时,对生产率增长率的促进效应将消失"这一命题无法用中国的样本数据进行论证(中国尚未有地区实现这一临界值的突破),但从金融发展对全要素生产率增长率的促进效应呈现递减趋势这一事实出发,不难判断这一现象是可能存在的。

表 4.6 模型(4.3)的相关估计结果(三)

变量	系统GMM估计·解释变量:fin2			系统GMM估计·解释变量:fin3		
	全部样本	子样本一	子样本二	全部样本	子样本一	子样本二
lnTFP(−1)	9.9263E−01*** (1.4600E−05)	9.9280E−01*** (4.6200E−05)	9.9237E−01*** (1.8000E−05)	9.9264E−01*** (1.4000E−05)	9.9276E−01*** (4.4500E−05)	9.9237E−01*** (1.8300E−05)
fin	3.1900E−05*** (1.1900E−05)	2.9100E−05*** (8.7700E−06)	1.5800E−05*** (4.2100E−06)	1.8200E−05* (1.1200E−05)	1.5800E−05*** (9.1300E−06)	1.1100E−05*** (4.4000E−06)
infra	4.7600E−06*** (6.7900E−07)	2.6400E−06*** (3.8400E−07)	2.4300E−06*** (4.4600E−07)	5.5000E−06*** (6.4500E−07)	3.6500E−06*** (3.5500E−07)	2.2800E−06*** (4.4100E−07)
hum	3.4400E−05*** (2.1900E−06)	1.3600E−05*** (1.0600E−06)	3.7400E−05*** (2.2600E−06)	3.3200E−05*** (2.1200E−06)	1.3100E−05*** (1.0300E−05)	3.7800E−05*** (2.2600E−06)
urban	2.2439E−03*** (8.8500E−05)	2.1980E−04*** (4.9600E−05)	7.3160E−04*** (5.7200E−05)	2.1473E−03*** (8.7900E−05)	8.4260E−04*** (5.0400E−05)	7.4030E−04*** (5.7100E−05)
FDI	−8.8100E−04*** (1.6120E−04)	−2.0600E−04*** (1.0220E−04)	2.5760E−04*** (6.9700E−05)	−8.0420E−04*** (1.5430E−04)	−2.6520E−04*** (9.8100E−05)	2.4690E−04*** (6.9400E−05)
trade	−1.9800E−04*** (2.0200E−05)	−1.7380E−04*** (1.6500E−05)	−3.7400E−05*** (6.8500E−06)	−1.8230E−04*** (1.9300E−05)	−1.5120E−04*** (1.6000E−05)	−3.7600E−05*** (6.8100E−06)
_cons	2.1285E−02*** (3.4500E−05)	9.1394E−03*** (3.6800E−05)	9.3231E−03*** (1.5400E−05)	2.1245E−02*** (3.1300E−05)	9.1549E−03*** (3.6000E−05)	9.3091E−03*** (1.4500E−05)
AR(2)检验	0.5418	0.1237	0.2504	0.4601	0.1232	0.2515
Sargan检验	0.9943	1.0000	1.0000	1.0000	1.0000	1.0000
观察值	493	323	170	493	323	170

系统 GMM 的估计结果并未改变主要结论:基于不同金融发展指标度量的金融发展水平对全要素生产率的增长率产生了显著为正的影响,且子样本一的金融发展指标系数值明显大于子样本二的。这进一步证实了金融发展对全要素生产率增长率的促进效应呈现出递减的趋势。

另外,基础设施、人力资本、城市化水平对全要素生产率的增长率产生了显著为正的影响。在以不同的金融发展指标度量金融发展水平、以不同的样本为研究对象、采用不同的估计方法的回归分析中,以上结论均未发生改变。这表明,基础设施、人力资本、城市化水平等变量对全要素生产率增长率的促进作用具有较强的稳健性。但 FDI 和贸易对全要素生产率增长率的影响将随着金融发展指标、研究对象和估计方法的改变而发生变化。在大部分回归分析中,可以发现 FDI 和对外贸易将对全要素生产率增长率产生显著为负的影响,这表明,随着 FDI 和对外贸易的增长,全要素生产率增长率将减少。这与前文的相关结论十分类似。这进一步表明,我国在对外开放的过程中,并未能有效利用国际资源促进我国全要素生产率的增长;相反,我国深度融合全球经济的举措对全要素生产率产生了一定的损害,这值得我们反思和警醒。

第五节 本章小结

本章以 1993—2010 年中国 29 个地区的面板数据作为研究对象,对金融发展的生产率效应进行了定量分析,并重点对前文提出的两个假说进行了检验。主要结论如下。

(1) 以存贷总额占比度量的金融发展指标并未对全要素生产率产

生显著的影响,但用私人信贷占比度量的金融发展指标对全要素生产率产生了显著为正的影响。这一结论表明,只有金融体系效率的提升才能显著促进全要素生产率的增长。

(2)金融发展对全要素生产率的增长产生显著的促进作用,但这一促进效应将呈现递减趋势。这意味着,在金融发展水平较高的地区,金融发展对全要素生产率增长率的正向作用较小。尽管囿于样本限制,本章并未得出"当金融发展达到一定临界值时,金融发展水平的继续提升将无法影响全要素生产率的增长率"的结论,但根据"金融发展对全要素生产率增长率促进的递减效应"不难做出以上判断。

(3)其他影响全要素生产率的变量,如基础设施、人力资本、城市化水平,将显著促进全要素生产率的增长,但对外开放的两个主要组成部分——国际贸易和FDI对全要素生产率产生了不显著的负面影响。这说明,我国在融入经济全球化的过程中,并未通过有效利用国际资源实现促进全要素生产率提升的目标。

第五章

金融发展对技术外溢的门槛效应

现阶段,通过吸收国际先进技术外溢已经成为我国促进生产率进步的重要手段之一。根据国家发改委相关资料显示,我国主要工业行业,如汽车、高铁、钢铁、数控机床、大规模集成电路、电子通信设备、家用电器、发电设备等行业的技术进步主要基于对世界先进技术的引进、吸收、再创新。① 这一现象在印度、泰国等发展中国家均广泛存在。这一事实表明,对国家先进技术的引进、吸收、再创新已经成为推动发展中国家技术进步,缩小其与世界先进水平差距的重要手段。

在理论研究中,国际技术外溢对发展中国家技术进步(用全要素生产率表征)的重要性也受到大量学者的关注。Coe 和 Helpman(1995)、

---

① 详细资料请参考"中国发改委重大技术装备协调办公室"、"科学网"等相关网站新闻。文中主要材料引用自网页:http://zbb.ndrc.gov.cn/zbxx/zbxxqt/t20080108_183832.htm,http://news.sciencenet.cn/html/showsbnews1.aspx?id=181342。

Acemoglu 和 Zilibotti(1997)、赖明勇等(2005)及余泳泽(2012)等大量学者指出,对外界技术的引进及在此基础上的模仿学习是落后国家或地区技术进步的重要来源之一。特别地,吸收先进技术具有成本和风险较低、收益较大等特征,现已成为发展中国家促进技术进步的重要方式和手段。因此,在金融发展对全要素生产率影响的相关研究中,与之关联的重要问题为:金融发展是否对一国吸收技术外溢的程度产生影响?在世界先进技术向发展中国家转移的过程中,金融体系的发展与完善发挥了什么作用?本章将利用1993—2010年中国省级层面的面板数据对以上问题进行实证研究。这也从另一个角度为前文提出的"假说3:金融发展将提升地区对国际先进技术的模仿能力"提供了经验分析证据。

第一节
金融发展影响技术外溢的内在机制

一、世界先进技术向发展中国家转移的方式及前提条件

Damijan等(2003)对世界先进技术向发展中国家转移的渠道进行了总结:一是通过专利许可及转让产生的直接技术转移;二是外商直接投资(FDI)通过产业内和产业间的技术外溢产生的间接技术转移;三是国际贸易通过中间产品和资本设备购买、在出口中学习等产生的间接技术转移。《世界投资报告(2010)》的调查结果表明,第一条渠道对国际技术转移的影响较小,出于保持竞争优势的考虑,最新和最有价值的技术一般不会被许可和转让。吴延兵(2008)等学者则从技术保密的角度指出,发达国家不可能直接将先进核心技术输出到发展中国家。基于发展中国家主要通过国际贸易和FDI获取世界先进技术的事实,大量学者在内生增长模型框架下,以国际贸易和FDI的技术外溢作为联系世界前沿技术与国内技术进步间的纽带,验证了国际技术扩散对国内技术水平的增长效应。他们主要的研究思路为:考察开放经济环境下发展中国家可接触世界前沿技术面的外向扩张是否能明显促进其技术进步。大部分实证研究结果表明,世界先进技术的扩散和转移是解释发展中国家技术进步的关键因素(Nelson & Phelps,1966; Barro & Sala-i-Martin,2004; Acemoglu,2009)。

尽管"发展中国家技术进步在较大程度上来源于世界先进技术的扩散和转移"这一命题受到理论界的广泛认可,但在检验国际贸易和

FDI 技术外溢效应的现有文献中,可以发现以不同国家甚至同一国家不同地区为研究对象,其检验结论将出现较大的差异。Hale 和 Long(2006)总结了 10 篇以中国为实证研究对象考察 FDI 外溢效应的国外文献,其中 9 篇得出了 FDI 具有显著正向溢出效应的结论。Borensztein 等(1998)、Carkovic 和 Levine(2000)、Carkovic 和 Levine(2005)的研究结果表明 FDI 对经济增长的贡献并不明显;Haddad 和 Harrison(1993)对莫斯科及 Aitken 和 Harrison(1999)对委内瑞拉的研究均证明了 FDI 对生产率的净效应较小。对这种现象的一种解释为:在国际先进技术的扩散过程中,国家或企业本身的特定特征发挥了重要的作用,从而影响了该国的技术进步进程(赖明勇等,2005)。Abramovitz(1986)率先指出,只有当一国或一个企业满足一定的基础设施、技术发展水平等门槛条件后,才能顺利取得外界技术成果。Cohen 和 Levinthal(1989)持有类似的观点,他们指出,技术模仿者本身的技术能力、生产条件及配套设施等因素决定了技术模仿的最终效果。在这两篇经典文献的基础上,大量学者试图从东道国吸收能力差异的角度解释为什么在不同发展中国家,国际贸易和 FDI 技术外溢效应存在巨大的差异性。如 Bhagwatii(1978)、Ozawa(1992)、Balasubramanyam 等(1996)指出,东道国市场的健全程度是决定 FDI 技术外溢是否有效的关键;Blomstrom 和 Wolff(1994)发现,只有当东道国的经济发展达到某一水平时,才能有效吸收 FDI 的溢出效应;Borensztein 等(1998)、Xu(2000)重点关注了东道国的人力资本对 FDI 的技术外溢的门槛效应,当且仅当东道国的人力资本跨过某一临界值时,才可能实现 FDI 的技术外溢;Smarzynska(1999)侧重于考察东道国产权制度的影响;Flore(2000)认为,只有当国内外技术差距在某一区间时才能实现技术外溢,技术差距过大或过小都不利于 FDI 先进技术向东道国的扩散及转移。余泳泽(2012)利用面板门槛回归技术对1996—2009年中国高新技术产业13个细分行业的面板数据进行实证研究,发现FDI对生产率的促进作用在外商投资规模、技术势能及市场规模等方面存在门槛效应。当且仅当这三个变量处于一定区间时,FDI的溢出效应才能实现最大化。另外,还有学者指出,东道国基础设施建设(Abramowitz,1986)、自身研发水平(Kinoshita,2000)、制度环境(Acemoglu,2009)等因素也是影响FDI技术外溢的重要因素。

二、金融发展、FDI与国际技术外溢

在技术变迁模型中,国内金融市场发展是影响FDI的技术外溢效应的重要先决条件。具体而言,金融市场发展主要通过以下渠道影响FDI的技术外溢效应。

第一,发达的金融体系通过减少技术投资风险、解决技术升级时面临的融资约束和扩展外资企业在东道国的创新行为等方式激励国内企业模仿外资先进技术、升级已有技术基础,从而促进FDI的技术外溢效应。而金融市场的缺失可能抑制这些企业的技术革新行为。Alfaro等(2004)明确指出,东道国金融市场发育程度是解答"外资企业是在孤立于国内企业的飞地经济中运作,还是成为技术转移的催化剂"这一问题的关键因素。他们指出,基于模仿的生产力提升过程一般较为昂贵。[①]特别地,为了利用新知识,当地企业需要改变日常议程,甚至需要采取结构重组、购买新机器、雇佣新经理和技能劳动者等措施。在这一进程中,大部分当地企业必须通过外部融资的方式才能完成这些事

---

① Levin等(1987)和Mansfield等(1981)曾经使用调查数据表明,制造性企业对新发明的模仿将产生占原始发明成本50%~70%的费用。

项。当前的技术与新技术之间的差距越大,企业所需要的外部融资需求越大。研究者以1975—1995年间71个国家的面板数据为研究对象,对当地金融组织在FDI促进经济增长过程中扮演的角色进行了检验(用FDI与金融发展的交互项为表征)。实证研究结论表明,发达的当地金融市场有利于经济体利用潜在的FDI外溢。

第二,良好的金融市场通过解决FDI上游企业的事前投资问题,加强了国内外企业的后向联系,从而促进了FDI的技术外溢。相反,有限进入的信贷市场将限制企业发展:倘若企业具备消化吸收FDI产生的最佳技术实践的能力,但金融市场缺失良好的发展,便可能限制FDI潜在正外部性的发挥。Javorcik和Spatareanu(2007)从金融发展加强FDI后向联系效应的角度解释了金融发展促进FDI技术外溢的作用机制。他们对捷克企业的财务数据进行分析后发现:作为外国企业供应商的捷克本土企业相较于其他国内企业而言,表现为较少受到流动性约束的影响。这可能是因为成为国外供应商需要一定的事前投资,只有较少受流动性约束影响的企业才能满足这一条件。如果这一原因成立,将说明国内金融市场的发展可以减少国内企业的流动性约束,有利于其获取FDI后向联系产生的技术外溢效应。另一种可能的原因在于国外企业将提升国内供应商的信誉,从而允许其取得更多的外部贷款。通过对事件时间表进行仔细考察发现,较少受到流动性约束的企业将"自我选择"成为国外企业的供应商。这一事实表明,当缺乏良好的金融市场时,当地企业在流动性约束的影响下将难以建立与跨国企业的联系,从而错失FDI生产率外溢带来的收益。Alfaro等(2009)对金融发展影响FDI经济增长效应的具体路径进行了深入研究。他们发现,要素积累(包括物质资本积累和人力资本积累)并不是国家从FDI中获益的主要渠道,FDI的经济增长效应主要来源于其对东道国TFP的提升作用。FDI流入将通过知识外溢、技术转移和加强与国内企业的联系促进TFP增长。在这一过程中,功能健全的金融市场对加强FDI技术外溢发挥了重要的补充作用。为成功获取外国企业引进的新技术,国内竞争者需要进行重组和再投资,但在信贷约束条件下,这一过程的顺利实现建立在企业顺利取得外部融资的基础上。而有效率的金融市场能保证企业融资的顺利实现,并有效提升国内产业的竞争效应和促使其他国内企业利用与新跨国企业之间的联系。他们以1975—1995年72个国家为研究对象进行实证研究,结论表明,在金融市场越发达的国家,FDI的技术外溢效应越强。

第三,良好的金融发展将降低企业家精神实现的门槛,从而有利于外资企业技术外溢效应的发挥。阳小晓等(2006)在Alfaro等(2004)研究成果的基础上考虑金融发展对企业家精神实现的影响,他们指出,东道国国内具有企业家精神的创业者只有支付一大笔初始固定成本后才能利用外资企业的先进技术,而东道国国内金融市场的运作效率将决定创业者能否获得足够的贷款以支付该项固定成本。结论表明,一个高效的金融体系通过降低本国居民的创业门槛,促进东道国吸收外资企业的技术外溢。

第四,在金融发展水平较低的地区,国内企业难以抵抗FDI形成的"资金掠夺效应"、"市场挤占效应"等负面影响,在一定程度上迫使国内企业减产及缩减生产率提升性投资,从而对国内生产率产生明显的抑制作用。

现阶段,已有部分学者从实证研究的角度论证了金融发展对FDI技术外溢效应的促进作用。Omran和Bbolbol(2003)以11个阿拉伯国家为样本进行实证研究,结论表明,在金融发展水平较高的国家,FDI对经济增长的推动作用更大,金融体系的完善与发展加强了FDI

的经济增长效应。Lee 和 Chang(2009)利用异质性面板协整技术和面板误差修正模型,在充分考虑国家间估计参数异质性和动态性的前提下,验证了 FDI、金融发展与实际产出三者之间的动态交互关系。研究者对 1970—2002 年间 37 个国家的面板数据进行实证研究,结果发现,FDI、金融发展与经济增长之间两两互为因果关系,且 FDI 与经济增长之间的关系受到国内金融部门发展的内生性影响。Azman-Saini 等(2010)基于门槛效应的概念建立回归模型,在将金融市场指标作为状态转移模型的触发点的基础上,探索金融发展与 FDI-经济增长关系之间存在的分段线性关系。他们使用 1975—2005 年 91 个国家的面板数据验证了金融发展对产出增长中 FDI 效应的影响,发现金融发展在 FDI-经济增长关系中存在较强的门槛效应,只有当金融发展达到一定水平时,FDI 对经济增长才存在显著为正的影响。

三、金融发展、国际贸易与国际技术外溢

现阶段只有较少的学者从国际贸易的角度探索金融市场在技术溢出过程中发挥的作用。这类研究的基本思想是一国的国际贸易行为将产生显著为正的技术溢出效应,而金融市场的发展与完善将扩大这一效应;反之,金融发展的滞后将妨碍国际贸易技术外溢效应的发生。Peters(2012)总结了国际贸易贡献于技术增长的三种路径:第一,较低的贸易壁垒促进外国投入品和资本品进口,这些产品相较于国内产品而言,价格更便宜,质量更优;第二,贸易壁垒的减少增长了出口者的市场规模,继而促进了先进技术的投资;第三,外国企业的进口参与将市场中生产率更低的企业驱逐出市场,因此促进了资源在企业间的更优配置。高凌云和王洛林(2010)指出,进口溢出主要通过物化在有形商品中的技术溢出及上述实物流动过程中的国际 R&D 外溢等形式促进

生产率增长。赖明勇等(2005)和白积洋(2011)将国际贸易影响技术进步的渠道归纳为出口中学习、资本进口品带来的技术模仿及学习技术、激烈的国际贸易带来的竞争效应等。

金融发展影响国际贸易技术外溢的内在机制如下。首先,金融部门的发展对一国贸易规模及贸易结构产生重要影响。金融部门的发展通过缓解融资约束、降低融资成本和交易成本、减少贸易风险、促进贸易企业资源整合与配置、揭示与传递信息等方式促进一国贸易规模的扩张。与此同时,金融发展作为一种重要的要素禀赋(Beck, 2002, 2003;Svaleryd & Vlachos, 2002),将影响一国的贸易结构——具有金融发展比较优势的地区贸易结构也将偏向于外部金融依存度高的产业。其次,金融发展是影响一国或地区吸收能力的重要来源。只有当金融发展突破某一门槛值时,才具备对先进技术的吸收能力,从而促进国际贸易生产率效应的发挥。综上所述,金融发展一方面通过影响一国贸易规模和贸易结构改变可吸收的世界先进技术集合,从而间接作用于全要素生产率的发展;另一方面通过影响一国或地区的吸收能力对国际贸易技术外溢效应产生直接作用。

总之,金融发展是影响世界先进技术转移和外溢的重要变量,这表现为在金融体系发展的不同阶段,FDI或国际贸易的技术外溢效应将呈现出显著的差异。

第二节
金融发展对技术外溢效应影响的实证分析

现阶段,已有大量文献对FDI或国际贸易的技术外溢效应进行实证研究,其采用的技术路线一般是将FDI或国际贸易作为TFP(或经济增长)的解释变量进行回归分析。若 FDI 或国际贸易的系数显著为正,则说明 FDI 或国际贸易产生了显著的技术外溢效应(Haddad & Harrison,1993;Borensztein et al,1998;Aitken & Harrison,1999)。

实际上,前文已采用类似的方法对 FDI 和贸易的技术外溢效应进行了初步分析,并发现 FDI 或贸易的系数为负,这表明对外开放在一定程度上抑制了我国生产率的进步。这一结论似乎有悖于"国际先进技术向发展中国家转移或外溢"的理论预期。但从第四章分样本[①]回归分析中可以发现:在金融发展程度较高的地区,FDI 对 TFP 增长率产生显著为正的促进作用;在金融发展程度较低的地区,FDI 将抑制 TFP 增长率的增长;相对于金融发展程度较低的地区,金融发展程度较高地区的国际贸易行为对全要素生产率增长率的抑制作用较小。这初步说明了金融发展在 FDI 或国际贸易产生技术外溢的过程中发挥了重要的作用:当一国金融发展程度较高时,FDI 或国际贸易的技术外溢效应较大;当金融发展处于较低水平时,FDI 或国际贸易对全要素生产率的影响不显著,甚至将产生负面影响。

为保持行文的简洁性,本章不再重复检验 FDI 或国际贸易的技术外溢效应,并将研究重点转向探索"金融发展对 FDI 或国际贸易技术外溢效应的影响"。为保持分析结论的可对比性,本章采用了与第四章完全相同的研究对象:1993—2010 年中国 29 个地区的面板数据。

一、金融发展对技术外溢的影响:基于交互项的检验

本节将借鉴阳小晓和赖明勇(2006)等学者的方法,采用金融发展

[①] 在第四章中,根据金融发展程度的高低,将全部样本划分成金融发展程度较低的 19 个地区(子样本一)和金融发展程度较高的 10 个地区(子样本二)。

与 FDI（或国际贸易）的乘积交互项就金融发展对 FDI（或国际贸易）技术外溢效应的影响进行分析，使用的基本模型如下：

$$\text{TFP}_{it} = \gamma_0 + \gamma_1 \text{fin}_{it} + \gamma_2 \text{FDI}_{it} \times \text{fin}_{it} + \gamma X_{it} + \xi_{it} \quad (5.1)$$

$$\text{TFP}_{it} = \theta_0 + \theta_1 \text{fin}_{it} + \theta_2 \text{trade}_{it} \times \text{fin}_{it} + \theta X_{it} + \mu_{it} \quad (5.2)$$

其中，模型(5.1)主要研究金融发展对 FDI 技术外溢效应的影响，模型(5.2)主要探索金融发展对国际贸易技术外溢效应的影响。变量 TFP、fin、FDI、trade 及控制变量 X 的含义及测度方法与前文相同，在此不再赘述。本章使用普通最小二乘法分别对模型(5.1)和模型(5.2)的三种效应模型（混合效应模型、固定效应模型和随机效应模型）进行回归估计，并对模型分别进行了面板设定的 F 检验、BP-LM 检验和 Hausman 检验，检验结果表明，固定效应模型的回归结果更具有解释力。为节约篇幅，本章将只报告固定效应模型的估计结果，具体见表5.1。为了克服各地区可能存在的异方差，所报告的标准误都经过了怀特异方差修正。另外，第四章指出金融发展与全要素生产率之间可能存在一定的内生性，本节将金融发展的一阶滞后项作为金融发展的滞后变量，分别对模型(5.1)和模型(5.2)进行了 IV 估计，并未改变主要结论。由于篇幅限制，未报告 IV 估计的结果，有兴趣的读者可向作者索取。

表5.1 模型(5.1)和模型(5.2)的相关估计结果

变量	模型(5.1)			模型(5.2)		
	fin1	fin2	fin3	fin1	fin2	fin3
fin	0.1430***	0.0730*	0.2082***	0.1203***	−0.0853***	0.0994***
	(0.0169)	(0.0380)	(0.0385)	(0.0196)	(0.0385)	(0.0412)
infra	0.0227***	0.0223***	0.0224***	0.0227***	0.0229***	0.0229***
	(0.0016)	(0.0017)	(0.0016)	(0.0016)	(0.0017)	(0.0017)

续表

变量	模型(5.1)			模型(5.2)		
	fin1	fin2	fin3	fin1	fin2	fin3
hum	0.0803***	0.0944***	0.0880***	0.0801***	0.0930***	0.0889***
	(0.0063)	(0.0065)	(0.0065)	(0.0064)	(0.0064)	(0.0065)
urban	2.0104***	2.3913***	2.2399***	2.0432***	2.3334***	2.2303***
	(0.1900)	(0.1978)	(0.1948)	(0.1920)	(0.1954)	(0.1968)
FDI	−1.8322***	−1.2041	−1.3293**	−0.3423	−0.1332	−0.2004***
	(0.6929)	(0.7498)	(0.5982)	(0.2910)	(0.2982)	(0.2989)
trade	−0.0155	−0.0113	−0.0198	−0.0119	−0.2826***	−0.0935
	(0.0393)	(0.0410)	(0.0403)	(0.0749)	(0.0728)	(0.0616)
FDI*fin	0.8584***	1.2495**	1.7537***			
	(0.2532)	(0.5957)	(0.5802)			
trade*fin				−0.0106	0.2095***	0.0543
				(0.0192)	(0.0487)	(0.0456)
_cons	6.4897***	6.5134***	6.5238***	6.5441***	6.7032***	6.6097***
	(0.0650)	(0.0739)	(0.0674)	(0.0666)	(0.0735)	(0.0684)
R^2	0.8504	0.8298	0.8379	0.8470	0.8346	0.8354
F统计值	394.74 [0.0000]	338.52 [0.0000]	358.94 [0.0000]	384.29 [0.0000]	350.23 [0.0000]	352.26 [0.0000]
观察值	522	522	522	522	522	522

注：①( )内的数字表示回归系数的异方差稳健标准误，[ ]内的数字表示对应统计量的 P 值。

②***、**、*分别表示 1%、5%、10%的显著性水平。

从模型(5.1)的估计结果可以看出，无论以何种指标度量我国的金融发展程度，FDI 与金融发展指标的交互项均显著为正，且三种不同的金融发展指标与 FDI 交互项的系数存在以下特点。存贷总额占比与 FDI 的交互项系数显著低于私人信贷占比与 FDI 的交互项系数。这表明,在金融发展水平较高的地区,FDI对该地区TFP的促进效应将增强,且金融效率发展对FDI技术外溢效应的促进作用强于对金融规模发展的影响。另外,FDI系数显著为负,与交互项的符号相异,这说明金融发展对FDI技术外溢的发挥具有显著的门槛效应。由回归结果可知,引发FDI正向技术外溢的fin1门槛值为2.1344,fin2门槛值为0.9637,fin3门槛值为0.7580。这意味着当且仅当金融发展水平超越一定的门槛值后,FDI才能产生正向的技术外溢效应;金融发展水平在这一门槛值之下时,FDI对一国或地区生产率将产生抑制作用。这与王琰和蒋先玲(2011)的研究结论十分相似,他们以我国1985—2009年29个地区为对象进行实证研究后发现:在金融发展程度较高的地区,FDI对经济增长的促进作用较为显著;在金融发展程度较低的地区,FDI对经济增长的作用尚未显现。

对模型(5.2)的估计结果进行分析发现,以存贷总额占比为金融发展指标时,国际贸易与金融发展的交互项为负但不显著,这说明金融规模发展并不能改善国际贸易对生产率的负面影响。以私人信贷占比(fin2)作为金融发展指标时,国际贸易与金融发展的交互项显著为正;以私人信贷占比(fin3)作为金融发展指标时,这一系数为正,但不显著。这说明,虽然金融效率发展在一定程度上能促进国际贸易正向技术外溢效应的发挥,但这一效应不具备稳健性。

使用交互项进行回归分析的方法对"金融发展对FDI和国际贸易技术外溢效应的非线性影响"具备一定的解释力,但交互项的引入使得回归模型存在"变量之间存在较大的共线性"、"门槛值估计结论偏差较大"等缺陷,导致估计结论的可信性较差(鲁钊阳、廖杉杉,2012)。Hansen(2000)的两体制门槛回归模型可有效解决上述问题,为了更准确地反映金融发展对技术外溢的门槛效应,本书将进一步使用门槛回归模型对此展开研究。

二、金融发展对技术外溢的门槛效应:基于门槛回归的检验

由前文的初步分析可知,FDI 和国际贸易与国内生产率之间并不是简单的线性关系,FDI 和国际贸易的技术外溢效应在较大程度上依赖于金融市场的发展与完善。为了进一步就金融发展对技术外溢的门槛效应进行挖掘,本节将采用 Hansen(2000)的门槛回归方法,将金融发展作为体制改变的转折点进行实证研究。本节建立的两体制门槛回归模型可分别表示为:

$$\text{TFP}_{it} = \gamma_0 + \gamma_1 \text{fin}_{it} + \gamma_2 \text{FDI}_{it} I(\text{fin}_{it} \leq \eta)$$
$$+ \gamma_3 \text{FDI}_{it} I(\text{fin}_{it} > \eta) + \gamma X_{it} + \xi_{it} \quad (5.3)$$
$$\text{TFP}_{it} = \theta_0 + \theta_1 \text{fin}_{it} + \theta_2 \text{trade}_{it} I(\text{fin}_{it} \leq \delta)$$
$$+ \theta_3 \text{trade}_{it} I(\text{fin}_{it} > \delta) + \theta X_{it} + \mu_{it} \quad (5.4)$$

其中,fin_{it} 是门槛变量;η 和 δ 为待估算的门槛值;$I(\cdot)$ 为指标函数,当相应条件满足时取值为 1,否则取值为 0;所选取的控制变量及其含义与模型(5.1)和模型(5.2)的完全相同。

1. 模型的门槛效应检验

首先对模型(5.3)和模型(5.4)的非线性门槛效应进行检验。由于检验门槛效应的传统统计量的大样本分布属于"非标准非相似分布",因此无法直接获取该分布的临界值。为解决这一难题,本节使用自助抽样法(Bootstrap),通过 500 次重复抽样估算大样本的渐进 P 值和统计量在 1%、5% 和 10% 的显著性水平上分别对应的临界值。本节借助 Stata 10.0 统计分析软件分别对模型的单一门槛效应和双重门槛效应进行了检验,具体检验结果如表 5.2 和表 5.3 所示。

表 5.2　模型(5.3)的门槛效应检验

门槛检验 统计值	以 fin1 为门槛变量			以 fin2 为门槛变量			以 fin3 为门槛变量		
	单一门槛	双重门槛		单一门槛	双重门槛		单一门槛	双重门槛	
F 值	14.3770***	1.8190		18.0067***	2.3793		17.8583***	2.4860	
P 值	0.0040	0.1520		0.0000	0.1080		0.0000	0.1390	
10%临界值	2.8327	2.9514		2.5244	2.5001		2.9104	3.2083	
5%临界值	4.0637	4.4257		3.5587	3.3739		3.9795	4.2431	
1%临界值	10.0914	7.5272		6.3533	5.8704		6.4039	7.6128	

注：P 值和临界值均为采用 Bootstrap 仿真反抽样 500 次后得到的结果。***、**、*分别表示通过1%、5%、10%的显著性水平检验。下同。

表 5.3　模型(5.4)的门槛效应检验

门槛检验 统计值	以 fin1 为门槛变量		以 fin2 为门槛变量		以 fin3 为门槛变量	
	单一门槛	双重门槛	单一门槛	双重门槛	单一门槛	双重门槛
F 值	8.4364***	1.7231	17.7157***	1.6776	18.4273***	1.5909
P 值	0.0060	0.1005	0.0000	0.1137	0.0000	0.1362
10%临界值	2.5852	2.4224	2.7045	2.4109	2.6966	2.6440
5%临界值	3.7957	3.7538	4.2657	3.5180	3.8381	3.7263
1%临界值	5.7568	6.1244	7.5367	5.7684	6.2067	5.8920

从表5.2和表5.3可以看出,在单一门槛检验中,无论以存贷总额占比还是以私人信贷占比作为金融发展的代理变量,两个模型均具有较高的F值,这表明模型可以在1‰的显著性水平上拒绝不存在门槛的零假设。在双重门槛检验中,均不能拒绝模型存在单一门槛的零假设。由此推断,模型存在显著的单一门槛效应。

2. 模型的门槛回归估计及分析

分别以存贷总额占比(fin1)、私人信贷占比(fin2)作为金融发展的指标,对模型(5.3)和模型(5.4)进行门槛回归估计,具体估计结果如表5.4所示。从表5.4不难看出,不论是以存贷总额占比作为门槛变量,还是以两个私人信贷占比作为门槛变量,FDI和国际贸易的技术溢出效应都对一国TFP的影响存在基于金融发展程度的门槛效应。此外,基础设施、人力资本和城市化水平对全要素生产率的影响均显著为正,这与前文中引入交互项的固定效应模型取得的估计结果是高度一致的。

表5.4 模型(5.3)和模型(5.4)的门槛回归估计结果

变量	模型(5.3)			模型(5.4)		
	门槛变量为fin1	门槛变量为fin2	门槛变量为fin3	门槛变量为fin1	门槛变量为fin2	门槛变量为fin3
fin	0.1221***	0.0591*	0.1656***	0.0998***	−0.0109	0.0848**
	(0.0212)	(0.0327)	(0.0369)	(0.019)	(0.0319)	(0.0331)
infra	0.0227***	0.0225***	0.0224***	0.0226***	0.022***	0.0227***
	(0.0023)	(0.0024)	(0.0023)	(0.0023)	(0.0023)	(0.0023)
hum	0.0821***	0.0967***	0.0907***	0.0817***	0.0951***	0.0893***
	(0.0307)	(0.0333)	(0.0316)	(0.0300)	(0.0324)	(0.0318)

续表

变量	模型(5.3)			模型(5.4)		
	门槛变量为fin1	门槛变量为fin2	门槛变量为fin3	门槛变量为fin1	门槛变量为fin2	门槛变量为fin3
urban	2.0973*** (0.3261)	2.3384*** (0.3925)	2.2516*** (0.3572)	2.158*** (0.3502)	2.5211*** (0.4210)	2.3740*** (0.3783)
FDI	—	—	—	−0.0949 (0.3080)	−0.1865 (0.3063)	0.0400 (0.3092)
trade	−0.0608* (0.0361)	−0.0273 (0.0361)	−0.0368 (0.0336)	—	—	—
$FDI_{it} I(fin_{it} \leq \eta)$	−0.6133* (0.3736)	−0.7414* (0.3909)	−0.5786* (0.3865)	—	—	—
$FDI_{it} I(fin_{it} > \eta)$	0.6676** (0.2938)	0.6851** (0.2939)	0.7175** (0.2960)	—	—	—
$trade_{it} I(fin_{it} \leq \delta)$	—	—	—	−0.1252** (0.0621)	−0.1449* (0.0781)	−0.1326** (0.0600)
$trade_{it} I(fin_{it} > \delta)$	—	—	—	−0.0410 (0.0332)	0.0016 (0.0432)	−0.0151 (0.0390)
对应的门槛值	2.3400	1.0670	0.8760	2.7026	1.0914	0.9518

在模型(5.3)中,以 fin1 为门槛变量时,根据模型估计的内生门槛值为2.3400。可将样本分为两组:当 fin1 低于2.3400时,FDI 的系数为−0.6133,并在10%水平上显著;当 fin1 高于2.3400时,这一系数为0.6676,并在5%水平上显著。分别以 fin2 和 fin3 作为门槛变量,得到了同样的结论。这表明,FDI 对一国生产率存在显著的非线性影响。

第一,在金融发展程度较低的地区,FDI 对 TFP 的影响显著为负。

这一结论与赵奇伟和张诚(2007)的研究结果类似,他们发现金融发展程度的相对滞后造成FDI对我国生产率产生了显著的抑制作用。这可能由以下两方面的原因造成。一是金融发展程度较低的地区,外部融资依赖度较高的产业(一般是资本或技术密集型产业)具有比较劣势,可能导致引进的FDI质量较低,并以劳动密集型或"三来一补"等低技术含量的产业为主。这无益于我国全要素生产率的提升,反而抢占了我国其他技术进步型企业的资本资源,从而对我国生产率提升产生了挤占效应。二是在金融发展程度较低的地区,即使FDI带来国际先进技术,但缺乏良好的金融体系作为支撑,国内企业难以有效转化并吸收该项技术,导致外溢效应不能有效发挥。在欠发达的金融体系下,内资企业难以获取必要的资金将FDI企业带来的先进技术和管理经验完全转换成生产力,导致技术进步进程受阻;难以与FDI企业形成有效的产业前、后向联系,从而抑制了产业间的技术外溢;进一步降低内资企业的竞争力,造成FDI对国内市场的挤占效应更加明显。

第二,当地区金融发展程度超过一定临界值时,FDI将对TFP产生显著的促进作用。一是金融市场的发展与完善解决了东道国企业事前投资的融资约束问题,这加强了与FDI企业之间的产业关联度,从而有利于FDI技术外溢的发生。二是金融市场的发展将有效降低企业技术革新风险,从而激励东道国企业更新或利用FDI带来的新技术或新管理方法(Huang & Xu,1999)。三是金融发展优化了资本配置效率,通过将资金合理分配给资本回报率最高的企业提升了东道国企业的整体竞争优势,在一定程度上抵制了FDI进入东道国所带来的挤占效应。

在模型(5.4)中,以fin1为门槛变量时,根据模型估计的内生门槛值为2.7026。同样将样本分为两组:当fin1低于2.7026时,trade的系数为-0.1252,并在5%的水平上显著;当fin1高于2.7026时,这一系数为-0.0410,但不显著。分别以 fin2 和 fin3 作为门槛变量时,模型得到了基本相同的结论。这表明,在金融发展程度较低的地区,国际贸易将对其生产率产生显著的抑制作用;但在金融发展程度较高的地区,国际贸易对生产率的影响不显著。从理论上讲,国际贸易参与度增强将通过技术外溢效应、出口中学习效应和干中学效应等渠道促进东道国生产率的提升。但从检验结果来看:在金融欠发达地区,国际贸易参与度的增强反而抑制了生产率的提升;在金融发达地区,国际贸易参与度的增强未对生产率产生显著的影响。这可能是因为,现阶段我国以加工贸易和"三来一补"为主的贸易形式无益于生产率的提升,而国外厂商对我国企业技术变革行为的"狙击和打压"抑制了国内企业进行技术创新和技术模仿的积极性,这对我国生产率造成较大的损害。但随着金融体系的发展与完善,这一负面影响将逐渐消除。主要原因如下。一方面,金融发展将改变我国产业的比较优势,从而逐渐改善以劳动密集型产业为主的贸易结构。如齐俊妍等(2011)基于跨国跨行业数据的经验研究发现,金融发展将提升出口技术复杂度。贸易结构的改变有利于提升产业技术水平,从而扩展了我国可吸收的世界先进技术集合。另一方面,金融发展将加强我国企业的竞争力,从而对国外企业的技术打压行为实施有力反击。

第三节 本章小结

本章以1993—2010年中国29个地区的面板数据为研究对象,分别基于引入交叉项的固定效应模型及以金融发展为门槛变量的门槛回归模型,就金融发展对FDI和国际贸易技术外溢效应的影响进行了实证研究。基于这两种不同模型回归的估计结果得到了高度一致的结论:FDI 和国际贸易的技术外溢效应在较大程度上依赖于金融发展水平。具体而言,在金融发展程度较低的地区,FDI 和国际贸易对东道国全要素生产率产生了显著为负的影响,在金融发展程度较高的地区,FDI 对东道国全要素生产率产生了显著为正的影响,而国际贸易的影响不显著。这一结论从加强技术外溢的角度论证了本书前文提出的"假说 3:金融发展将提升地区对国际先进技术的模仿能力"。

第六章

金融发展影响地区创新能力的实证分析

创新作为推动全要素生产率增长的主要途径之一,为一国经济的技术进步及可持续发展提供了源源不断的动力。在中国的技术发展路径中,创新的地位尤为重要。这首先表现为,中国通过技术模仿或技术外溢实现技术进步的空间正逐渐缩小。一直以来,我国技术模仿行为受到发达国家的"围追堵截"[①],依靠技术模仿取得技术进步的方式难以继续维持。特别是随着中国经济的发展与腾飞,西方国家极力鼓吹"中国威胁论",并以此为借口对华形成几乎全面的技术封锁,中国进行

---

① 1996年,包含美日在内的33个成员国签署《瓦森纳协定》(简称"瓦协"),禁止22类军用产品及先进材料、材料处理、计算机等九大类民用产品向"非安排成员国"出口。2000年欧盟通过"1334号法令",实施严格的技术出口管理。从"瓦协"到"1334号法令",发达国家对华展开了长期的技术封锁(并存在继续加强的趋势),他们通过建立有效控制机制加强对华高科技出口管制和核心技术封锁,企图将中国排除在"核心技术俱乐部"之外。

技术模仿的难度进一步加大。其次，创新（尤其是自主创新）是加快我国从经济大国向经济强国转变的根本保障。现阶段，我国主要工业领域行业的核心技术很多都依赖发达国家，产业发展受制于人已成为一个不争的事实。只有通过创新才能提升我国产业竞争力，加快我国大国崛起战略的实施。因此，通过加快我国创新能力建设促进全要素生产率增长已成为一个极具战略意义的现实问题。

那么，在创新能力建设过程中，金融体系扮演了什么角色？我国金融体系的发展与完善是否促进了创新能力的提升？本章将基于实证研究的方法对这一系列问题进行解答，这也是对"假说4：金融发展将促进地区创新能力的增强"进行检验的重要章节。

第一节 相关文献综述

King 和 Levine(1993a,b)首次直接指出一国金融发展水平是决定其创新水平的重要因素,他们以"企业家精神"或"创新"为纽带,建立了"金融发展—企业家精神显现—创新"联系,并指出金融体系通过"评估潜在企业家并选择最有前景的项目—将金融资源配置给最有前景的项目—分散由不确定创新活动带来的风险—揭示创新活动创造的潜在回报"的方式促进创新。但他们的文章旨在揭示金融发展促进经济增长的影响机制,并未直接剖析金融发展对创新的具体影响。在之后的研究中,大量学者开始重视金融发展对创新活动的影响,并分别从企业层面、产业层面及国家层面展开经验研究。

Brown 等(2009)对美国科学基金会的调查数据进行研究后发现,美国 R&D 占 GDP 的比重在 1994—2004 年间呈现先显著上涨再急剧下降的趋势:R&D 占 GDP 的比重从 1994 年的 1.4% 上升至 2000 年的 1.89%,但在 2002—2004 年下降到 1.7%。[1] 其间,内部融资(现金流)和外部证券融资也出现了同样的趋势:企业现金流从 1993 年的 890 亿美元增长至 2000 年的 2310 亿美元,然后在 2001—2002 年间出现下降,外部证券融资从 1998 年的 240 亿美元增加至 860 亿美元,在 2001 年直线下滑至 62%。利用 1990—2004 年 7 个高技术产业 1347 个上市企业的面板数据,对动态 R&D 投资模型进行 GMM 估计发现,

---

[1] 主要涉及 7 个高技术行业,即药剂、办公设备和电脑、电子配件、通信设备、科学仪器、医药器械,以及软件。

对于成熟企业而言,现金流和外部证券融资对 R&D 投资的影响并不显著,金融变量的系数也很小;但对于年轻企业而言,金融变量对 R&D 投资产生显著为正的效应。进一步分析发现,年轻高技术企业的金融周期能解释 75% 的 R&D 变化现象。在另一篇研究文献中,Brown 等(2011)指出,由于 R&D 投资缺乏抵押物价值和信息不对称问题,相较于其他投资而言,R&D 面临着更严重的逆向选择和道德风险问题。在具有较大金融摩擦的国家里,金融约束将导致 R&D 投资低于最优投资水平。一旦大量企业存在融资约束问题,国家层面的 R&D 水平将受到抑制,从而导致创新水平的降低和增长速度受到抑制。Ilyina 和 Samaniego(2011)发现产业发展过程中存在着这一经验事实:在金融发达的经济体中,研发密度较高的产业发展越快,功能良好的金融市场更有利于 R&D 密集的产业发展。基于这一事实,区别于投资密度的产业特性假说和外部融资依赖假说,Ilyina 和 Samaniego(2011)构建了 R&D 驱动的增长模型,提出了缓解 R&D 融资摩擦是金融体系影响经济增长的重要作用机制,欠发达的金融体系通过加剧 R&D 融资摩擦导致经济增长放缓,而功能良好的金融体系通过将资源重配到 R&D 密集型产业的路径促进经济增长。Ilyina 和 Samaniego(2011)利用 1970—1999 年美国 28 个制造业行业的面板数据进行实证研究,结果发现,金融越发达的国家表现出更大的 R&D 密集型和投资结块性,这表明功能良好的金融市场将资源配置到了 R&D 投资驱动型的产业中。

国内相关研究起步较晚,大部分文献集中研究金融发展对经济增长或全要素生产率的影响,只有少部分文献直接就金融发展对创新影响进行研究。朱欢(2010)基于中国 31 个地区的面板数据对金融发展与技术创新之间的关系进行了研究,研究结果表明,银行贷款规模支持了技术创新，但股票市场的作用有限。黄德春等（2011）以中国高新技术产业为研究对象，发现无论是金融规模发展还是金融效率发展，均显著促进了技术创新。马彦新（2011）基于中国省级层面的面板数据，运用空间计量模型的估计结果表明，金融发展促进了技术创新能力的提高，且金融市场比金融中介的促进作用更大。张志强（2012）发现，金融规模发展和金融效率发展产生的研发创新效应在地区间存在显著的差异。金融规模发展显著促进东、中、西部创新产出的提升，且这一促进效应在东中西部间存在递减趋势。金融效率发展对西部创新产生显著为负的影响，而对中、东部创新产生显著为正的影响。

综合现有研究可知，已有大量国内外学者对金融发展的创新提升效应给予了广泛关注，但多数学者在具体的验证过程中集中探索金融发展与地区创新产出之间的关系，而忽略了"创新是一个基于研发投入的知识生产过程"这一特征，这可能会造成估计结果出现偏差。下面用知识生产函数反映创新生产的特征，并在此框架下利用近年来中国省级层面的面板数据就金融发展对地区创新能力的影响进行实证研究。

第二节 金融发展影响创新能力的实证分析 ——基于 OLS 估计法

一、理论模型的构建

Jaffe(1989)指出，创新与实物产品的生产过程在本质上是相同的，均可采用柯布-道格拉斯生产函数进行描述。在创新的生产函数中，主要投入品为创新资本投入及创新人员投入，产出为创新产品。Jaffe

(1989)所构建的一般知识生产函数模型得到了大量学者的认可,如Crepon和Duguet(1997)、Zhang等(2003)、吴延兵(2006)、郭国峰等(2007)在创新能力构建的研究中均采用了该模型。

本章的理论模型将在Jaffe模型的基础上进行拓展,将地区的金融发展水平纳入柯布-道格拉斯的知识生产函数中。由前文的理论分析可知,地区金融发展水平可以通过增加创新资源和改善创新生产效率等方式影响创新生产过程。经过改进的知识生产函数可表示为以下形式:

$$\text{inn}_{it} = A\,(\text{innpeo}_{it})^{\beta_1}\,(\text{inncap}_{it})^{\beta_2}\,e^{\beta_3 \text{fin}_{it} + \beta Z_{it} + \mu_i + \lambda_t + \xi_{it}} \quad (6.1)$$

将上式进行对数处理,可得到如下计量模型:

$$\ln(\text{inn}_{it}) = \alpha + \beta_1 \ln(\text{innpeo}_{it}) + \beta_2 \ln(\text{inncap}_{it}) \\ + \beta_3 \text{fin}_{it} + \beta Z_{it} + \mu_i + \lambda_t + \xi_{it} \quad (6.2)$$

其中,i和t分别表征个体i和时间t。μ_i和λ_t分别表示空间和时间上的特定效应,ξ_{it}为随机误差项。

inn表示创新产出。由于创新产出无法直接观测到,因此借用各地区三项专利授权数的指标替代创新产出的成果。尽管使用专利数可能模糊了不同专利的实际创新质量差异,但在没有更好的指标替代的前提下,专利数是衡量地区创新的较好的资源。它准确反映了地区创新产出的变化,为度量地区创新能力提供了有价值的信息。

innpeo为研发人员投入,直接采用各地区R&D人员全时当量计算。

inncap表示研发资本投入。一般文献直接采用当年R&D内部支出数据进行度量。但吴延兵(2006)和李婧等(2010)认为R&D投入对知识的生产具有延续性,它不仅影响当期的创新产出水平,在以后若干期内仍将发挥重要作用。因此,在创新产出的生产函数中,应采用

R&D存量指标,而非流量指标。本书采用现有文献通用的永续盘存法估算 R&D 存量。当期 R&D 存量等于当期 R&D 实际支出与 $t-1$ 期的 R&D 资本存量现值之和,即 $K_t = E_t + (1-\delta) K_{t-1}$。其中,$K$ 为 R&D 存量,E 为 R&D 当期实际支出,δ 为 R&D 资本的折旧率。R&D 当期实际支出是以不变价格计算的 R&D 当期支出,具体由 R&D 当期支出经过 R&D 价格指数平减后获得。现有统计资料中没有 R&D 价格指数的相关数据,借鉴朱平芳和徐伟民(2003)、李婧等(2010)的方法构造 R&D 价格指数:各地区 R&D 价格指数=0.55×各地区消费价格指数+0.45×各地区固定资产投资价格指数。基期 R&D 存量由公式 $K_0 = E_0 / (g+\delta)$ 计算获得,其中,g 表示 1998—2010 年间各地区实际 R&D 经费支出的平均增长率。折旧率 δ 设定为 15%。

fin 作为本章的主要解释变量,表示各地区的金融发展水平,与前文一致,采用前文中所计算的三个表示金融发展水平的指标。前文指出,由于创新等技术升级性行为具有较强的信息不对称、较高风险、低成功率,以及较长的投资周期、较低的流动性等内在特性,投资者一般不愿意为了投资创新而在较长时间内放弃资本的控制权。但金融发展通过储蓄动员、信息收集处理与分析、风险分散、激励监督与约束等功能的发挥,在一定程度上缓解了创新投资的融资约束问题。这一方面促进资金流向技术投资性项目,另一方面提升了该类项目内生的成功概率,从而实现了地区创新能力的增强。

相关研究结论表明,影响地区创新能力形成的控制变量还应包括地区专业化程度(spec)。关于地区产业集聚与创新的关系,现有理论存在两种不同的观点。一种是 MAR 外部性假说,该理论认为地区专业化(同一行业内的知识溢出)有利于地区创新;另一种是 Jacob 外部性假说,该理论认为地区多样化(不同行业的知识溢出)更有利于地区创新。为考察地区专业化和多样化水平对地区创新能力的影响,本书借鉴张建华和程文(2012)的方法,利用基尼系数测度地区的产业专业化或多样化程度。具体计算公式为:

$$\text{spec} = \frac{2}{n} \frac{\sum_{i=1}^{n} i x_i}{\sum_{i=1}^{n} x_i} - \frac{n+1}{n}$$

其中,spec 表示地区的专业化水平,该值介于 0 和 1 之间,数值越大表明地区的专业化程度越高、多样化程度越低。x_i 表示地区产业 i 的总产值,并按照 $x_1 < x_2 < \cdots < x_n$ 的升序排列,n 是产业总类。本书的行业分类参照《中国工业经济统计年鉴》的分类法则,删除数据严重缺失的行业和经过调整后该年鉴未统计或新增的行业,最后纳入分析的行业共计 24 个。

此外,人力资本、国际贸易和外商直接投资等也是影响地区创新能力的重要变量。这三个变量的度量已在前文中有详细说明,在此不再赘述。

二、研究对象及数据来源

本章选取的研究对象为 1999—2010 年中国 29 个省级层面的面板数据。研究时间范围选择 1999—2010 年的主要原因在于,1999 年《中国工业经济统计年鉴》对地区工业产业的划分进行了较大的调整,为保持数据的一致性,本章采用 1999 年之后的数据。主要数据来源于 2000—2011 年各年的《中国科技统计年鉴》、《中国工业经济统计年鉴》、《中国经济普查年鉴 2004》及前文中所计算的相关数据。

三、估计结果

首先将地区存贷总额占比度量金融发展水平的指标代进模型

(6.2)。由于面板数据模型的估计结果依赖于所选取的面板模型形式，为保证估计结果的准确性，分别运用面板设定的 F 检验、BP-LM 检验和 Hausman 检验对面板数据模型的设定形式进行检验，得到的统计值分别为 23.35、515.58 和 39.65，且均通过了 1% 水平上的显著性检验。这表明固定效应模型最适合刻画数据样本特征。因此，在对模型(6.2)的回归分析中，将以固定效应模型作为分析的基础。具体估计结果如表 6.1 第 2 列所示。为了检验地区金融效率的发展对创新能力的影响，分别将两个度量私人信贷占比的指标代进模型(6.2)，同样进行模型设定检验，得到的检验结果支持固定效应模型。具体估计结果如表 6.1 第 3~4 列所示。

表 6.1 基于固定效应模型对模型(6.2)的估计结果

变 量	固定效应模型		
	fin1	fin2	fin3
lninnpeo	0.6290***	0.6514***	0.6507***
	(0.1026)	(0.1046)	(0.1035)
lninncap	0.3131***	0.3276***	0.3127***
	(0.0555)	(0.0573)	(0.0562)
fin	0.1083***	0.1170**	0.1543***
	(0.0265)	(0.0475)	(0.0499)
spec	−0.2570	−0.2897	−0.2872
	(0.2503)	(0.2582)	(0.2540)
hum	0.0161	0.0181*	0.0176*
	(0.0103)	(0.0105)	(0.0104)
FDI	−1.2081***	−1.2025**	−1.1996**
	(0.5148)	(0.5235)	(0.5206)

续表

变量	固定效应模型		
	fin1	fin2	fin3
trade	0.0347	0.0646	0.0531
	(0.0730)	(0.0738)	(0.0736)
_cons	−0.2060	−0.1934	−0.1649
	(0.3933)	(0.3999)	(0.3975)
R^2	0.7805	0.7731	0.7756
F 统计值	23.35	22.94	24.13
观察值	348	348	348

金融发展指标的系数符号及显著性反映了金融发展对地区创新行为的影响。从估计结果中可以看出，无论以信贷总额占比还是以私人信贷占比作为度量金融发展程度的指标，金融发展系数均在 1% 的水平上显著为正。这意味着金融规模的发展和金融效率的发展均显著促进了地区创新能力的增强。从估计系数的大小来看，金融效率发展对地区创新能力的促进作用大于金融规模发展的作用。这从实证研究的角度验证了"假说 4：金融发展将促进地区创新能力的增强"。一般而言，地区创新行为受到多种因素的制约：首先，创新行为面临高昂的初始研发成本，在有限自有资金的前提下，研发者必须依靠外部融资解决资金问题；其次，创新活动面临着较高的失败风险和未来收益不确定性影响，抑制了研发者的创新动力。在这种情况下，尽管企业可能存在较好的创新机遇和方案，但囿于资金瓶颈和风险厌恶的约束，而可能放弃创新计划。但在一个金融体系发达的社会里，金融机构能够通过金融体系功能的发挥，在一定程度上缓解创新企业面临的融资约束和收益不确定性问题，以此促进资金流向创新性企业，实现地区创新产出的

增长。

以上分析在"各地区创新活动相互独立和完全分割"的基本假说前提下进行,但著名的地理学第一定律指出"任何事物之间在空间上均具有相关性,距离越近的单元在空间上相关性越强"。对于创新而言,创新产出在有效半径范围内的传播和示范、创新资源在邻近地区的争夺与共享等,都将导致邻近地区的创新生产行为间存在显著相关性。从我国创新的空间布局来看,我国已形成北京中关村、武汉东湖和上海张江等著名自主创新园区;创新产出呈现出在环渤海地区和东部沿海地区集聚的空间分布特质,中国创新的空间集群成为一个非常明显的现象。因此,研究忽略创新的关联性和异质性,采用普通最小二乘法进行模型估计,将导致研究结果出现偏差和相关推论缺乏解释力(吴玉鸣,2006)。为保证分析结果的稳健性,本章下一节将空间效应引入金融发展与地区创新的研究框架中,并基于空间面板模型对两者关系进行重新检验。

第三节 金融发展影响创新能力的实证分析 ——基于空间面板模型

一、中国地区创新产出的空间格局及集群现象

1. 基于 Moran's I 指数的全局空间自相关检验

为了描述和刻画我国地区创新产出在地理上的集群特征和分布规律,可对地区创新产出数据进行全局相关性检验。现有文献中一般采用的指标有 Moran's I 指数和 Geary's C 比率。两者作用基本相同,区

别在于 Moran's I 指数主要适用全域空间相关性分析,而 Geary's C 比率适用于局域空间关联分析。本书采用 Moran's I 指数进行检验。具体计算公式为:

$$\text{Moran's I} = \frac{y'Wy}{y'y} \quad (6.3)$$

其中 y 是由各地区观测值与平均值之差所构建的列矩阵,y' 为 y 的转置矩阵,W 表示经过行标准化处理的空间权重矩阵。本书采用邻近标准构造初始(未经过行标准化处理)的空间权重矩阵,以各地区的邻接关系表征地区间的空间紧密程度。具体法则为:若地区 i 与地区 j 相邻,则初始权重 W_{ij} 赋值为 1;反之,则赋值为 0。其中,海南岛不与任何地区存在邻接关系,但考虑到它直至 1988 年才在行政上从广东省分离建省,两者间的联系较为紧密,因此将海南省与广东省的权重设置为 1,与其他地区的权重设置为 0。Moran's I 指数的取值在 [-1,1],若指数的 P 值显著,则说明观测值存在特定的空间集聚特征和内在的空间分布联系。若指数显著为负,表示存在空间负相关,反之表示空间正相关。

首先对地区创新产出的空间相关性进行 Moran's I 指数检验。表 6.2 给出了 1999—2010 年中国 29 个地区创新产出的空间自相关结果。表 6.2 表明,1999—2010 年间,三项专利授权数的 Moran's I 指数全部显著为正,且自 2006 年以来呈现显著增加的趋势。这说明中国地区创新产出表现为较强的空间正相关,具有相同特征的创新行为更易出现空间集聚,且这种集聚行为随着时间的推移而具有加强的趋势。这打破了古典统计分析中关于地区创新行为在空间上随机分布的基本假说,因此,利用传统的估计方法对地区创新产出进行分析将出现有偏的估计结论。

表 6.2　1999—2010 年我国三项专利授权数的全局 Moran's I 指数及其显著性

年份	Moran's I	P 值	年份	Moran's I	P 值
1999 年	0.130	0.091	2005 年	0.137	0.082
2000 年	0.139	0.080	2006 年	0.129	0.093
2001 年	0.130	0.092	2007 年	0.151	0.069
2002 年	0.147	0.072	2008 年	0.165	0.055
2003 年	0.186	0.038	2009 年	0.228	0.018
2004 年	0.141	0.077	2010 年	0.229	0.018

2. 基于 Moran 散点图的局域空间相关模式分析

为了进一步刻画我国创新产出的局域空间集聚模式及邻近地区间的空间相关特性，可采用 Moran 指数散点图和基于 Moran 指数的 LISA 集聚图进行可视化分析。为节约篇幅，本书仅展示了 1999 年和 2010 年两年的中国地区创新产出 Moran 散点图和 LISA 集聚图。图 6.1 中 (a) 图和 (b) 图分别是 1999 年和 2010 年中国地区创新产出的 Moran

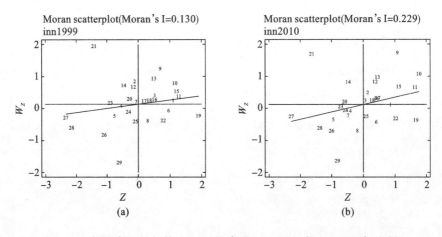

图 6.1　中国地区创新的 Moran 散点图（以 1999 年和 2010 年为例）

散点图,两图均为一条经过第1、3象限且斜向上的直线,这表明地区间创新生产行为形成显著的正向联动效应,即高创新产出的地区相毗邻(H-H),而低创新产出的地区被低创新产出的其他地区所包围(L-L)。

1999年,地区创新产出更多地表现为高-高集聚和低-低集聚等同类集聚趋势:高-高集群主要集中在山东、江苏、上海和浙江等长江三角洲地区;而低-低集群主要集中在甘肃、青海、宁夏和新疆等西北地区;海南呈现出显著的低-高集聚态势;广东和四川呈现出显著的高-低集聚态势。2010年,中国地区创新产出的局域空间集聚模式和相关特性未发生明显变化。内蒙古加入低-低集聚圈,浙江加入高-高集聚圈,其余地区的集聚情况基本相同。

上述分析表明,我国地区创新产出行为在空间分布上具有显著的正向关联,本地区的创新产出易受到邻近地区的创新产出的影响,在空间上呈现一定的集聚效应。因此,在对创新产出的相关研究中,应充分考虑地区间空间维度的相关性和异质性。采用空间计量模型研究金融发展对地区创新能力的影响,将更符合客观现实。

二、模型的设定与选取

式(6.2)为不考虑各地区创新产出空间交互效应的一般计量模型。但正如前文所言,中国创新产出的空间分布具有显著的正向联系,地区间创新产出在空间维度上具有显著的相关性和异质性。忽略创新产出的空间效应,将出现有偏的估计结果。一般而言,空间计量模型有两种形式:空间自回归模型(SAR模型)和空间误差模型(SEM模型)。具体表现形式为:

SAR 模型：

$$\ln(\text{inn}_{it}) = \alpha + \sigma \sum_{j=1}^{n} w_{ij} \text{inn}_{jt} + \beta_1 \ln(\text{innpep}_{it}) + \beta_2 \ln(\text{inncap}_{it})$$
$$+ \beta_3 \text{fin}_{it} + \beta Z + \mu_i + \lambda_t + \xi_{it} \tag{6.4}$$

SEM 模型：

$$\ln(\text{inn}_{it}) = \alpha + \beta_1 \ln(\text{innpep}_{it}) + \beta_2 \ln(\text{inncap}_{it}) + \beta_3 \text{fin}_{it}$$
$$+ \beta Z + \mu_i + \lambda_t + \rho \sum_{j=1}^{n} w_{ij} \xi_{jt} \tag{6.5}$$

SAR 模型将因变量的空间滞后因子加入模型中，考虑了与 i 相邻的地区单元内生变量 inn_{jt} 对 i 地区创新产出 inn_{it} 的交互影响。SEM 模型假定各地区未被纳入模型的其他因素存在空间交互效应，即 i 地区误差项受到了与之相邻的地区单元误差项的影响。模型(6.4)和模型(6.5)中，变量 w 代表空间权重矩阵，参数 σ 和 ρ 分别表示空间自回归系数和空间误差系数。其他变量的选取及含义与模型(6.2)相同。

为了科学刻画金融发展对地区创新产出的影响，必须选择合适的空间计量模型进行估计。本节基于不考虑空间效应的基本计量模型，进行拉格朗日乘数(LM)及稳健的拉格朗日乘数(R-LM)检验。由于不同的固定效应形式将导致 LM 检验结果出现较大差异，本章将基于非空间基本模型的混合估计模型、时间固定效应模型、空间固定效应模型和时间空间双固定效应模型进行相关检验，对应的检验结果[①]如表 6.3 所示。表 6.3 第一部分结果显示，大部分 LM 统计值均通过 5% 的显

---

① 值得注意的是，本节所报告的检验结果均基于以存贷总额占比(fin1)作为金融发展指标的面板模型。作者同样将私人信贷总额占比(fin2，fin3)作为金融发展指标代入模型进行相同的检验，检验结果同样支持时空双固定效应的 SAR 模型。为节约篇幅，本节未报告相应检验过程及检验结果，有兴趣的读者可向作者索取。

著水平检验。这从计量模型的角度进一步印证了本章前文中空间探索性分析的结论:样本数据特征具有明显的空间交互效应。表6.3第二部分对时间固定效应和空间固定效应是否联合显著进行了统计检验,结论表明模型空间固定效应和时间固定效应同时显著存在,所以应采用时空双固定效应模型的检验结论。

如表6.3第5列所示,时空双固定效应模型结论表明,SAR模型LM和R-LM统计值均在1%的显著水平上通过检验,且均大于SEM模型相对应的统计值。可以判断,具有时空双固定效应的SAR模型更适合刻画本文的样本数据特征。

表6.3 基于非空间面板模型的相关检验

变量	混合估计	空间固定效应	时间固定效应	时空双固定效应
第一部分:各模型空间交互影响的LM和R-LM检验				
LM(lag)	76.4779***	227.7558***	4.8402**	19.2635***
R-LM(lag)	38.2188***	80.4232***	5.5749**	12.5305***
LM(error)	43.3445***	149.2978***	0.0432	10.7635***
R-LM(error)	5.0854**	1.9651	0.7778	4.0305**
对数似然值	49.5340	246.1231	106.7916	390.6094
第二部分:时空双固定效应联合显著性检验				
空间固定效应统计量	567.636	P值	0.0000	
时间固定效应统计量	288.973	P值	0.0000	

上述模型形式的确定过程均有一个先验性的假设条件:存在时间或空间固定效应。事实上,模型可能具有时间或空间的随机效应而非固定效应,本书使用Hausman检验对此进行判断。经计算,Hausman统计值为−143.7687,检验失效。这一般意味着随机效应的基本假设不能满足,因此应该采用具有时空双固定效应的SAR模型。基于以上

分析,下节将选择模型(6.4)作为基础分析模型,并基于时间空间固定效应进行估计。

三、模型的估计

利用 Matlab 软件,对模型(6.4)进行极大似然估计。表 6.4 展示了基于时空双固定效应的 SAR 模型估计结果,其中第 2~4 列分别以 fin1、fin2 和 fin3 作为金融发展指标的替代变量。各变量的系数符号和显著性在不同的模型中均未发生明显改变。

表 6.4 金融发展对地区创新产出的影响:基于 SAR 模型的估计结果

变 量	fin1 为解释变量	fin2 为解释变量	fin3 为解释变量
lninnpeo	0.2126***	0.1992***	0.2045***
	[3.0367]	[2.8401]	[2.9494]
lninncap	0.0449	0.0179	0.0081
	[0.7545]	[0.3025]	[0.1371]
fin	0.0971***	0.1724***	0.1990***
	[4.6858]	[4.8274]	[5.3613]
spec	0.0977	0.1362	0.1227
	[0.6087]	[0.8424]	[0.7709]
hum	−0.0004	−0.0005	−0.0005
	[−0.0626]	[−0.0775]	[−0.0830]
FDI	−1.0996***	−1.0522***	−1.0586***
	[−3.4764]	[−3.3383]	[−3.3758]
trade	0.1954***	0.2103***	0.2040***
	[3.8293]	[4.2397]	[4.1292]
W * dep. var.	0.2310***	0.2460***	0.2310***
	[3.8242]	[4.1221]	[3.8783]

续表

变　　量	fin1 为解释变量	fin2 为解释变量	fin3 为解释变量
R^2	0.9849	0.9850	0.9852
对数似然值	398.4099	399.3316	401.7632

注：[ ]内的数字表示系数对应的 t 值；*** 表示在10％的水平上通过显著性检验。

无论以何种金融发展指标代进模型，空间相关系数均在1％水平上显著为正，且系数处于0.23％～0.25％。这说明各地区创新产出存在显著的空间交互作用，一个地区的创新能力受到邻近地区创新能力的显著影响，地理位置的相邻有利于创新能力的扩散。这将表现为地区创新在空间上形成较大的依赖性和联动性。其内在原因在于创新人才及设备等创新要素更易在相邻地区发生重新配置，知识和技术的扩散及溢出也更易发生在邻近地区。这些都将促使相邻地区创新生产行为呈现联合互动趋势。可以预见，随着地区市场一体化进程的推进、户籍制度的改善、人才流动壁垒的消除和地区市场的日益融合等因素的影响，地区间的创新溢出效应将更加明显。

当考虑相邻地区创新能力的相互依赖性和联动性后，金融发展对地区创新能力的影响仍然显著为正：每当金融发展程度提升1％，地区创新能力将增强0.9％～2％。从估计系数来看，金融效率发展的创新促进效应仍远远大于金融规模发展。这些结论与前文基于OLS估计法所得的结论是完全一致的。这表明"金融发展促进了地区创新能力提升"这一结论具有较强的稳健性。

其他变量对创新能力的影响解释如下。

研发人员投入对地区创新产出的影响显著为正，且对创新产出的弹性系数远远大于研发资本投入的弹性系数。这一结论与 Zhang

(2003)、吴延兵(2006)等学者的结论类似,他们发现研发人员的产出弹性大于研发经费的产出弹性。这表明在创新生产活动中,研发人员是更为重要的投入要素。研发人员往往是高级技术人才,是专业知识和方法的载体,也是实施创新生产行为的主体,在创新生产活动中发挥着重要的作用。我国研发资本投入的系数为正,但不显著,这深层次地反映了我国研发资本投入的无效率。产生这一现象的主要原因在于我国研发经费支出结构的不合理。长期以来,我国基础研究的经费支出占比均在5%水平线上波动,而美国、德国、法国等发达国家的这一比例均维持在20%左右,并呈现不断上涨的趋势。基础研究经费占比偏低妨碍了我国原始创新能力和自主创新的可持续发展。将研发人员投入和研发经费投入的产出弹性相加,可以得到总弹性为0.2~0.25,这表明我国创新生产过程呈现出规模报酬递减的特征。

地区专业化程度的系数为负,但不显著。MAR外部性假说认为地区专业化通过劳动力市场共享、要素投入共享、产业内技术外溢及促进专业分工等方式促进创新。但Grabher(1993)等学者指出,若地区产业结构过于集中于同一产业,可能造成创新行为的"锁定效应"。他们认为,现实世界中,诸多有价值的创新是在不同领域的知识碰撞及交流过程中"被触发"的。狭隘的地区专业化可能阻碍了新知识的产生并对创新产生负面影响。此外,笔者对中国地区产业结构进行仔细分析后发现,中国大部分地区在烟草制品、黑色金属/有色金属加工及冶炼、纺织业、农副产品加工等低技术密集型产业上具有较高的专业化水平。这种集中于低技术密集型产业的专业化产业结构减少了创新投资的渠道,对地区创新能力造成一定的抑制作用。

人力资本变量系数为负,但不显著。这可能由两方面的原因造成。一是自1999年高校扩招以来,我国平均受教育程度显著增加。根据经典生产理论中投入要素的边际效应递减原则,劳动者受教育程度的快速增长对创新产出的边际效应呈现出递减态势。二是我国人力资本未得到充分发挥。受到产业低端化发展和教育深化等因素影响,我国受过高等教育的人才中占较大比例的人不能实现"人尽其才",只能从事低技能工作。

外商直接投资的系数显著为负,这表明FDI的大量流入抑制了我国创新能力的提升。这一结论与刘云等(2003)、范承泽等(2008)类似,他们发现FDI与国内专利申请间存在明显的替代和竞争关系。这可能是因为FDI企业带来部分国外先进技术,从而加强了我国企业对国外技术的依赖,并造成了"创新惰性"。国际贸易对地区创新产出的影响显著为正。这表明国际贸易通过出口中学习效应、资本进口品技术外溢效应、竞争效应及市场规模效应等路径促进了我国地区创新能力的增强。

第四节 本章小结

本章利用1999—2010年中国29个地区的面板数据对"假说4:金融发展将促进地区创新能力的增强"进行了经验研究。在知识生产函数框架下,基于OLS法的估计结论表明金融发展显著促进了地区创新能力的增强,且金融效应发展的促进作用大于金融规模发展。

考虑到地区间创新能力在空间布局上可能存在的空间依赖性和联动性将对估计结果产生严重偏差,本章对我国地区创新能力进行了空间探索性分析,并证实了地区创新能力空间效应的存在。为了保证计量结果的可靠性,本章基于时空双固定效应的SAR模型重新检验了金融发展对地区创新产出的影响。该模型的估计结论表明,金融发展的系数符号及其显著性与 OLS 法(普通最小二乘法)的估计结果完全一致,这意味着金融发展的创新促进作用显著存在且结论较为稳健。此外,空间相关系数显著为正,这说明地区间的知识外溢成为地区创新能力提升的重要渠道。我国现阶段创新生产过程中,研发人员的贡献远远大于研发经费投入。研发经费投入呈现无效率态势。国际贸易显著促进了地区创新产出增长,FDI 的流入显著抑制了地区创新能力的提升,人力资本和专业化对地区创新产出的促进作用不明显。

第七章

金融发展影响地区资本配置效率的实证分析

全要素生产率提升主要来源于两个方面：一是企业微观技术的发展；二是资源配置效率的提升（樊纲等，2011；Restuccia & Rogerson，2008；Hsieh & Klenow，2009）。特别地，资本作为最重要的生产投入要素之一，它在各种生产主体之间的配置状况将对全要素生产率的演变路径产生重要的影响。尤其是在那些市场机制不健全的经济体中，资本配置状况远未达到最优配置水平，通过优化资源配置实现全要素生产率增长存在较大的空间。金融体系是现代经济体系中最重要的资本配置机制，它的发展与完善是改善资本配置状况的重要因素。King 和 Levine(1993)、Levine(1997)等指出完善的金融体系通过降低交易成本、减轻信息不对称状况、甄别并投资于最有发展前景的项目等途径促进资本的优化配置。本章将利用我国省级层面的面板数据，在对我国资本配置效率进行合理度量的基础上，检验金融发展对资本配置效率的影响，以完成对"假说5：随着金融体系的发展，经济体的资本配置效率将得以提升"的检验。

第一节 相关理论基础

一、资源配置效率对全要素生产率影响的理论基础

资源配置效率是指稀缺资源被配置给边际生产率最高的经济主体的有效程度。在完全市场条件下，生产资源将在企业间、产业间和地区间实现最优配置，这将最大化社会福利或产出，并产生最大的全要素生产率。但在各种制度障碍和要素价格扭曲的现实环境里，资源在企业间、产业间及地区间的配置并未达到最优状态。这种资源错误配置现象对产出及生产率造成了较大的损失。换言之，若将稀缺资源从低效率生产主体中释放并配置给边际效率最高的生产主体，可实现资源配置效率的优化，从而促进产出及生产率增长。

在理论界，诸多学者就资源配置效率改善是促进全要素生产率增长的重要来源这一观点达成共识（樊纲等，2011；Restuccia & Rogerson，2008；Hsieh & Klenow，2009）。在资源总量保持不变的情况下，资源从低效率部门向高效率部门的转移将从两个方面促进 TFP 增长：一是提升了资源的平均边际生产率，这实现了 TFP 的绝对增长；二是资源配置的优化将同时加快低效率部门的衰退和高效率部门的成长，高效率部门份额增加将提高社会的平均 TFP，这实现了 TFP 的相对增长。

近年来，资源配置效率对 TFP 增长的影响已经受到学者们的广泛关注，并已形成诸多研究成果。这些研究一般认为，资源在经济主体间

的错配造成了巨大的产出及生产率损失,而资源配置效率的改善将促进产出及生产率增长。例如,Restuccia 和 Rogerson(2008)的研究表明,资源在生产率异质性企业间的配置将是解释跨国人均产出差异的重要因素,生产者面临的要素价格异质性能导致 TFP 减少 30%~50%。Mckinsey Global Institute(1998)指出,造成巴西零售业低生产率的关键因素在于劳动力市场规制抬高了超市的劳动力成本(相对于非正式零售商)。尽管非正式零售商的生产率较低,但受益于较低的劳动力成本,其仍占据巴西零售业的大部分份额。Akkemik(2007)的研究发现,1985 年后新加坡制造业 TFP 出现显著增长,通过对 TFP 增长组成部分进行分解,发现资源重配产生的 TFP 增长效应高达 35%~81%。Hsieh 和 Klenow(2009)的研究表明,1987—2005 年印度配置效率的恶化拉低了 2% 的 TFP 增长率;与之相反,1998—2005 年中国通过移除扭曲促使 TFP 增长了 2%。若在不考虑企业技术水平差异的前提下,对中国资源进行重新配置并使配置效率实现美国的当前水平,中国 TFP 将提升 30%~50%,印度将提升 40%~60%。陈永伟和胡伟民(2011)将资源错配和效率损失纳入传统增长核算框架,发现中国制造业内部各子行业间的资源错配造成了 15% 的产出损失。

二、金融发展与资本配置效率优化

资本作为重要的资源投入之一,现阶段尚未处于资源配置的帕累托最优状态。资本配置机制的改善将加快资本从低效率部门向高效率部门的流动速度,通过提升资本的边际生产率及促进高效率部门加速成长等方式实现全要素生产率增长。而金融体系作为重要的资本配置形式之一,其发展与完善对促进资本配置效率具有重要的意义。Schumpeter(1912)指出,金融市场促进全要素生产率提升的一个主要渠道在于：在创造性毁灭过程中，有效的资本配置将资本从夕阳产业转向具有较好增长前景的产业。金融体系的发展与完善，将逐步消除金融摩擦，这将降低与资本误置相关联的信息和交易成本，从而提升 TFP。

已有诸多学者从金融摩擦造成的 TFP 损失这一角度对此进行考察。例如，Chari 等（2007）的计算表明，金融摩擦扭曲了中间产品在企业间的配置，这种资源误置能解释 1923—1933 年和 1979—1982 年间美国产出下降的 60%～80%，同样解释了 1959—2004 年间美国产出变动趋势的 73%。Eisfeldt 和 Rampini（2006）指出，在美国企业的总投资中，有 25% 存在资本误置（被定义为所有权、企业和设备的销售及获取）现象。Chen 和 Song（2009）认为，金融摩擦的资本配置效应是将原始冲击转换成总 TFP 波动的传动机制，具体而言，有关未来技术提升的消息冲击将通过金融摩擦的资本配置效应对 TFP 波动产生影响。进一步的数值模拟结果表明，在实际技术改革发生之前，金融摩擦对消息冲击的反应便可触发总 TFP 波动，而这一波动主要源自资本重配的效应，与此同时将产生当前产出、消费和工作时间之间呈现协同变化的经济周期。Buera 和 Shin（2010）建立了一个包含企业家和金融摩擦的新古典模型。模型结论表明，由于缺乏抵押资本和克服金融摩擦的资本，具有天赋且生产率较高的企业家不能进入市场，这阻碍了资本在企业间的再配置，从而限制了生产率的增长。Midrigan 和 Xu（2010）构建考虑了企业进出入行为的数量模型，并使用韩国和哥伦比亚的企业微观数据对模型进行校准，结论表明，金融摩擦造成的资源错配能解释 4%～5% 的 TFP 损失。另外，对融资约束更紧的企业而言，其资本获取行为对未来收益率的预期反应更大。Gilchrist 等（2012）指出，金融市场摩擦扭曲了金融资源在生产单元之间的配置——当其他所有情况相同时,金融抉择受到金融摩擦影响的企业比那些更易接近资本市场的企业面临着更高的借贷成本。因此,企业间的生产投入选择存在系统差异,而这一差异与生产效率无关。反事实实验结论表明,金融摩擦对总 TFP 产生了 3.5% 的损失。Azariadis 和 Kaas(2012)在担保抵押贷款和无担保声誉抵押贷款的背景下,构建了信贷市场摩擦通过影响资源配置作用于全要素生产率的数理模型。模型表明,信贷市场摩擦限制了资本流动,阻碍了资源从生产率较低的部门(或企业)向生产率较高的部门(或企业)流动的速度,从而对全要素生产率产生了负面影响。Greenwood 等(2013)使用成本状态识别模型分析金融发展对经济发展的影响,并用 43 个国家的经济数据对模型进行校准。结论表明,假设全部国家均使用居于世界领先水平的金融实践,并促进资本从无效率的企业向更具有生产率的企业转移,产生的资本重配效应将导致世界产出增长 53%,世界 TFP 增长 13.5%,同时解释了实际产出与潜在产出差距的 31%。Dehejia 和 Lleras-Muney(2003)以美国 1900—1940 年的时间序列数据为研究对象,发现金融发展促进资源从农业部门向制造业部门转移:随着金融部门的发展,农场数量和分配至农业部门的土地量将减少,但制造业部门的就业人数、工资和增加值将增长。

现有文献主要集中于探索金融摩擦造成的资本误置状况对全要素生产率造成的损害,只有少量文献从实证研究的角度直接检验金融发展对资本配置效应的影响。Wurgler(2000)是第一个进行这方面研究的学者,他以 1963—1995 年 65 个国家 28 个工业行业为研究对象,在对国家资本配置效率进行合理测算的基础上检验了金融发展对资本配置效率的影响,研究结论发现金融规模发展对资本配置效率的提升产生了显著的促进作用。运用 Wurgler(2000)的方法和思想,Almeida 和 Wolfenzon(2005)计算了 58 个国家的资本配置效率,并在此基础上检验了投资者保护、外部融资需求及金融发展对资本配置效率的影响。他们的研究发现,有限的投资者保护将约束资本配置效率,但一国外部融资需求的增加将促使资金从低生产率项目流向高生产率项目,从而提升了资本的配置效率;另外,金融体系的发展也将改善一国的资本配置效率。Hartmann等(2007)使用欧洲国家的面板数据证明金融发展加快了资本流向利润较大产业的速度。在实证研究中,他们采用"两步法"来计量。第一步,将部门投资对部门增长值、增长率、时间、国家和产业效用进行回归,这将计算投资对增长值的弹性(也是利润机会的代理变量)。这个弹性可被用于对"重配速度"的度量。第二步,重配速度对包含金融发展在内的相关解释变量进行回归。金融发展变量的系数,反映了一国金融发展对资本配置的效率。结论表明,金融发展程度越大的地方,资本配置效率越高。Abiad等(2008)运用企业托宾Q值的离差来度量配置效率,并检验了金融自由化对配置效率的"质量效应"。他们利用印度、约旦、韩国、马来西亚等新兴国家(地区)公司层面的数据进行实证研究,结论表明金融自由化而非金融规模发展促进了配置效率。

在Wurgler(2000)的基础上,国内学者也进行了相关研究。潘文卿和张伟(2003)借助Wurgler(2000)有关资源配置效率的测度方法,对中国金融发展与资本配置效率之间的关系进行了研究。他发现,总体来看,中国金融发展与资本配置效率之间存在较弱的相关性。将中国银行体系分成国有银行和非国有银行分别展开研究的结论表明,前者的信贷行为抑制了资本配置效率的提高,但后者的信贷行为将显著促进资本配置效率的增长。范学俊(2008)主要检验了金融自由化等金融政策对资本配置效应的影响。他在向量自回归模型的框架下,将托宾Q值作为度量资本配置效率的指标,对金融自由化及资本配置效率之间的动态因果关系进行了检验。结论表明,无论在短期中,还是在长期中,中国金融自由化都是促进资本配置效率提高的单向成因,但金融规模发展并未对资本配置效率产生显著的影响。王永剑和刘春杰(2011)的研究结果表明,在不同地区,金融发展对资本配置效率的影响存在较大的差异,其中东、中部地区金融发展显著促进了资本配置效率的提升,但西部金融发展的影响不明显。

第二节 中国各地区资本配置效率的估算

一、资本配置效率的估算方法

在现有文献中,主要有两种理论方法度量资本在行业间的配置效率。第一种方法是边际产出差额衡量法,即通过测算各行业资本边际产出率的差别程度来表明一国或地区的资本配置效率。其理论依据在于,资本配置将在各行业资本边际产出相等的状态下实现均衡,并达到最优配置状态。但韩立岩和王哲兵(2005)指出,使用这一方法测算资本配置效率存在两个局限性。一是行业资本边际产出率测算的准确度严重依赖于生产函数形式。若采用了不恰当的生产函数形式,将造成计算结果存在较大偏误。二是这种方法只能对某项重大事件发生前后资本配置效率的相对大小进行判断,但无法计算资本配置效率的具体数值。

第二种是行业投资反应系数法,通过计算行业固定资本投资的增长速度对行业增加值(或利润)增长速度的弹性系数,来反映一国或地区的资本配置效率。这一方法首先由Wurgler(2000)提出,其基本思想在于：资本配置效率的提升意味着资本从边际生产率低的经济主体（项目、企业、产业、地区或国家等）撤离，转而投资于边际生产率高的经济主体。这一方法的使用受到了理论界的广泛认可，Almeida 和 Wolfenzon(2005)、Hartmann 等(2007)、韩立岩和蔡红艳(2002)、潘文卿和张伟(2003)等大量学者在有关资本配置效率的相关研究中，均采用 Wurgler(2000)所创建的行业投资反应系数法对资本配置效率进行了测算。采用行业投资反应系数法测算资本配置效率，需要预设以下模型：

$$\ln(\frac{I_{ci,t}}{I_{ci,t-1}}) = \alpha_{c,t} + \eta_{c,t}\ln(\frac{V_{ci,t}}{V_{ci,t-1}}) + U_{ci,t} \qquad (7.1)$$

其中，c、i、t 分别为地区、行业和时间的识别变量。I 表示固定资产净值，V 为工业增加值。对以上模型进行普通最小二乘法进行回归，可以得到投资弹性系数 η，这一系数反映了地区对工业各行业资金的追加（或撤出）对行业成长性变化的弹性，同时也是反映资本配置效率的代理变量。另外，α 为常数项，U 为随机误差项。

二、中国分地区、分年度的资本配置效率估算

1. 样本选择及数据来源

本章基于 Wurgler(2000)的方法，以工业行业投资反应系数作为各地区资本配置效率的代理变量。因此，本章估算地区资本配置效率需要的主要数据为分地区、分行业的固定资产原值和工业增加值。现阶段，在全部公开的统计数据中，《中国工业经济统计年鉴》对分地区、分行业的固定资产原值和工业增长值进行了比较全面、完整的统计。但遗憾的是，1999 年该统计年鉴对工业行业分类进行了较大幅度的调整，并将原来的 37 个工业行业整合为 27 个工业行业，这意味着 1999 年前后的统计口径发生了较大的改变，各工业行业的相关数据可比性较弱。另外，2008 年及以后的年份里该年鉴取消了对各行业增加值的

报告。为了对地区资源配置效率的变化进行科学的估算,本章将选取 1999—2007 年作为实证研究的时间范围,以保证行业统计口径的一致性、相关数据的可比性及数据的完整性。对中国各地区的划分仍延续第四章的方法,选取中国 29 个地区作为实证研究的截面。最后,本章的研究对象为 1999—2007 年中国 29 个地区 27 个行业的数据。

数据主要来源于《中国工业经济统计年鉴》、《中国经济普查年鉴 2004》、《中国统计年鉴》。其中,固定资产原值和工业增加值分别采用地区固定资产投资价格指数和地区工业品出厂价格指数进行平减,并换算成以 1999 年为基期计算的实际价格水平。本章剔除了固定资产原值或工业增加值缺失的样本点,最终获得 1999—2007 年间 6919 个工业行业样本点。

2. 中国分地区分年度的资本配置效率

运用分地区、分年度普通最小二乘法对模型(7.1)进行回归分析,得到 2000—2007 年我国 29 个地区的 232 个资本配置效率数据。结果表明 2000—2007 年我国地区实体经济资本配置效率的平均值为 0.2599,远远低于 Wurgler(2000)测度的 65 个国家资本配置效率平均值(0.429)。这表明,我国资本配置效率还存在较大的改进空间。表 7.1 报告了我国 29 个地区 2000—2007 年间平均资本配置效率。

表 7.1 我国 29 个地区 2000—2007 年间平均资本配置效率

地区	北京	天津	河北	山西	内蒙古	辽宁	吉林	黑龙江
η	0.3103	0.2101	0.1878	0.2379	0.2138	0.2530	0.2586	0.2423
地区	上海	江苏	浙江	安徽	福建	江西	山东	河南
η	0.2425	0.1984	0.2389	0.0918	0.1517	0.2261	0.3158	0.2257
地区	湖北	湖南	广东	广西	海南	四川	贵州	云南
η	0.1594	0.3486	0.4277	0.1492	0.0563	0.3306	0.2752	0.2758

续表

地区	陕西	甘肃	青海	宁夏	新疆	全国	—	—
η	0.4254	0.3328	0.4574	0.6217	0.2727	0.2599	—	—

注:表中 η 表示资本配置效率。

从表 7.1 可以看出资本配置效率最高的 5 个地区是宁夏、青海、广东、陕西和湖南,对应的资本配置效率分别为 0.6217、0.4574、0.4277、0.4254 和 0.3486。资本配置效率较低的 5 个地区是湖北、福建、广西、安徽和海南,对应的资本配置效率分别只有 0.1594、0.1517、0.1492、0.0918 和 0.0563。

第三节　金融发展影响地区资本配置效率的实证分析

一、模型设定及变量描述

为考察金融发展对我国地区实体经济资本配置效率的影响,在 Wurgler(2000)的基础上,设计以下基本回归模型,具体方程如下:

$$\eta_{c,t} = \alpha \eta_{c,t-1} + \beta \mathrm{fin}_{c,t} + \gamma \mathrm{control}_{c,t} + \varepsilon_{c,t} \qquad (7.2)$$

其中, $\eta_{c,t}$ 为地区实体经济资本配置效率。$\mathrm{fin}_{c,t}$ 为地区金融发展程度,包含了前文设计的度量地区金融发展的指标:地区银行存贷总额/地区总产值(fin1)、银行向非国有部门的信贷/地区总产值(fin2,fin3)。$\varepsilon_{c,t}$ 是异随机误差项。若金融发展指标的系数为正,则表明随着金融发展程度的提高,地区资本配置效率将优化;反之,则表明金融体系的发展将抑制地区资本再配置。为了正确分析金融发展程度对地区实体经

第七章

金融发展影响地区资本配置效率的实证分析

济资本配置效率的影响,本书对以下变量进行控制。地方政府干预程度(gov),采用刘生龙和胡鞍钢(2010)以及毛其淋和盛斌(2011)等的方法,用政府财政支出占地区生产总值的比重表征。国有企业占比(soe),用国有企业职工数占全部职工数的比率表示。对外开放程度,分别从国际贸易(trade)和外商直接投资(FDI)两个角度度量。其中,trade为商品进出口贸易总额占地区生产总值的比率,FDI为地区外商直接投资实际利用额占地区生产总值的比率。分别用当年的汇率将进出口贸易总额和外商直接投资实际利用额转换成人民币计价单位。此外,基础设施水平(infra)、人力资本水平(hum)等变量也是影响地区资本资源配置的重要变量。地区实体经济资本配置效率的滞后项($\eta_{c,t-1}$)作为解释变量进入回归方程,这是因为项目或产业的资本投资行为存在较大的"黏性",当期资本投资行为在较大程度上受到了上期投资行为的影响。因此,最终表现为当期资本配置效率受到了上期资本配置效率的影响。

表7.2报告了所有变量的统计特征。另外,为了对所选变量之间的相关性及其对被解释变量的解释能力进行统计上的描述,运用Pearson相关系数检验法对变量间的相关性及其显著性水平进行检验。从表7.2可以看出,3个表示金融发展水平的变量与资本配置效率之间的相关系数分别为0.1230、0.1507和0.1440,且均通过了5%水平上的显著性检验。以上统计结果初步表明,金融发展水平与资本配置效率之间存在一定的正向联系。此外,全部变量之间的相关系数绝对值均小于0.75。进一步进行方差膨胀(VIF)因子分析,VIF值均处于[1.44,5.01],属于正常范围,因此本文回归可不考虑多重共线性的影响。为了深入分析金融发展与地区配置效率之间的关系,本书将继续运用计量分析方法进行验证。

表 7.2　各变量之间 pearson 相关性检验及统计性特征

Panel A:对各变量进行 Pearson 相关性检验

	η	fin1	fin2	fin3	soe	gov	infra	hum	trade	FDI
η	1.0000									
fin1	0.1230*	1.0000								
fin2	0.1507**	0.9568***	1.0000							
fin3	0.1440**	0.9608***	0.9879***	1.0000						
soe	0.0506	−0.2811***	−0.2261***	−0.3221***	1.0000					
gov	0.1962***	0.2103***	0.2760***	0.2157***	0.4695***	1.0000				
infra	0.0264	−0.3821***	−0.4693***	−0.4211***	−0.0865	−0.1074	1.0000			
hum	0.0534	0.4214***	0.3338***	0.3913***	−0.4037***	−0.2902***	−0.1608**	1.0000		
trade	−0.0803	0.1902***	0.1863***	0.2390***	−0.5354***	−0.3908***	−0.2633***	0.3971***	1.0000	
FDI	−0.0278	0.6010***	0.5338***	0.5918***	−0.7354***	−0.2754***	−0.2060***	0.5768***	0.6468***	1.0000

Panel B:对各变量进行统计性描述

	η	fin1	fin2	fin3	soe	gov	infra	hum	trade	FDI
均值	0.2599	2.4654	1.0215	0.8402	0.6507	0.1543	7.4135	8.0468	0.0304	0.3442
标准差	0.3194	0.8648	0.3236	0.3247	0.1304	0.0577	5.2562	1.2179	0.0279	0.4368
最小值	−0.2283	1.3684	0.5493	0.3827	0.2871	0.0689	0.4325	5.9680	0.0009	0.0367
最大值	1.8957	6.4760	2.3555	2.2197	0.8699	0.3539	29.4100	20.1435	0.1465	1.7215
观察值	232	232	232	232	232	232	232	232	232	232

注：***、**、* 分别表示通过了 1%、5%、10% 水平上的显著性检验。

二、回归结果分析

本章使用的模型中包含了被解释变量的滞后项,因此存在滞后因变量与扰动项相关的问题,采用普通的 OLS 或 LSDV(最小二乘虚拟变量)等估计方法将造成估计结果的不一致。解决这一问题的一般方法有工具变量(IV)法和广义矩估计(GMM)法,它们能有效识别模型中存在的内生性问题,并通过修正估计的偏误来实现估计结果的有效性和一致性。但由于工具变量法的估计结论在很大程度上依赖于工具变量的选取,若采用了不合适的工具变量,将影响估计结论的稳健性。特别地,当被解释变量的滞后项作为自变量时,模型的内生性加强。而系统 GMM 法将初始的水平方程及该方程的一阶差分方程作为一个方程系统,将内生变量的滞后差分作为水平方程相应内生变量的工具变量,将被解释变量和其他内生性变量的高阶滞后项作为一阶差分方程的工具变量进行系统估计,这种方法可有效解决内生性及工具变量有效性等问题。在有限样本下,系统 GMM 法比其他处理内生性的方法更有效(Blundell et al,2000)。本章选用系统 GMM 法作为模型(7.1)的估计方法。具体估计结果如表 7.3 所示。

表 7.3 基于系统 GMM 方法的估计结果

	模型 1	模型 2	模型 3
$\eta(-1)$	0.2475*** (0.0452)	0.2396*** (0.0476)	0.2182*** (0.0409)
fin1	0.3886*** (0.0534)	—	—
fin2	—	0.8883*** (0.1145)	—

续表

	模型 1	模型 2	模型 3
fin3	—	—	0.9537***
			(0.1006)
soe	−0.2864**	−0.5579***	−0.2267*
	(0.1347)	(0.1702)	(0.1352)
gov	−0.4772	−0.6431	−0.8960
	(0.5578)	(0.6023)	(0.6317)
infra	0.0166***	0.0206***	0.0184***
	(0.0053)	(0.0048)	(0.0047)
hum	0.0863***	0.0876***	0.0863***
	(0.0099)	(0.0078)	(0.0077)
trade	6.5349**	5.6578***	4.7642**
	(2.5838)	(2.0099)	(2.3606)
FDI	−0.3257***	−0.3388***	−0.3880***
	(0.0560)	(0.1117)	(0.1390)
_cons	0.0050***	0.2819	0.2668
	(0.1864)	(0.2391)	(0.2304)
Wald 检验	473.21***	453.37***	966.34***
	[0.0000]	[0.0000]	[0.0000]
Sargan 检验	25.28613	23.20695	22.81278
	[0.5028]	[0.6212]	[0.6435]
AR(2) 检验	−0.70946	−0.47319	−0.5531
	[0.4780]	[0.6361]	[0.5802]

注：***、**、* 分别表示通过1%、5%和10%水平上的显著性检验。( )里的数值表示经过稳健性修正的标准误，[ ]里的数值表示显著性水平。

全部回归模型的Sargan检验和AR(2)检验结果均不显著。这表明模型不存在过度识别问题和二阶序列相关性,因此使用系统 GMM 方法是合理的。从回归结果中可以发现,三种金融发展指标的系数均为正,且通过了 1% 水平上的显著性检验。这表明,近年来中国金融体系的发展与完善显著促进了地区资本配置效率的优化。此外,以存贷总额占比度量的金融发展指标系数为 0.3886,而以私人信贷占比度量的金融发展指标系数分别为 0.8883 和 0.9537。这说明,私人信贷占比增加带来的资本配置效应将远远大于存贷总额占比增加。换言之,金融效率对资本配置效率的正向促进效应将远远大于金融规模发展。这与范学俊(2008)的研究结论类似,他用 1992—2005 年中国的季度数据,基于 VECM(向量误差修正模型)的格兰杰因果关系分析,对中国金融自由化、金融发展等与资本配置效率之间的动态因果关系进行检验,结果发现金融自由化比金融规模发展对资本配置效率的影响更大。当用不同的指标度量金融发展水平进行回归分析时,其他变量的系数符号及显著性水平均未发生明显的变化,其代表的具体含义如下。

(1) 资本配置效率滞后项的系数显著为正。这表明,地区资本投资行为在一定程度上具有"黏性",当期资本配置状况与上期资本配置行为间存在正向关联性。上期资本配置效率越高,当期资本配置效率也将取得较大的进展。

(2) 国有企业份额的系数为负,且通过了 1% 水平上的显著性检验。这表明国有企业份额的上升抑制了地区的资本配置效率。这与 Wurgler(2000)等学者的研究结论类似。一般研究认为,国有企业的资源配置行为在较大程度上由政治动机所驱动,而不是依价值最大化原则做出判断(Wurgler,2000),且国有企业面临的预算软约束和较弱的监管体系使得经理人缺少追求效率激励。因此,相对于其他所有制企业而言,国有企业的资本配置效率较低。在国有企业份额较高的地区,资本配置效率较低。

（3）政府干预对资本配置效率的影响为负,但不显著。政府干预从两个方面影响资本配置效率。一是地方政府的干预行为可能通过强制性手段扭曲资源在生产主体间的配置,这造成资源配置的无效率。在这种情况下,企业或其他生产单元更愿意从事"贿赂"等非生产性活动,通过"寻租"的方式获取利益,这打击了生产性行为的积极性,对资本配置效率造成较大的损害。二是长期以来,我国地方政府官员的治理模式具有"晋升锦标赛治理模式"的性质和特征(周黎安,2007)。在这种"晋升锦标赛治理模式"下,地方政府之间存在激烈的行政竞争,并最终表现为经济效应的竞争,这将督促地方政府为企业和产业发展提供产权保护和必要的政府服务,加快资本向边际效率较高的生产主体再配置,从而促进资本配置效率的提升。政府干预对资本配置效率的最终影响将取决于这两支力量的博弈。从回归结果来看,政府干预的两股力量相互制衡,最后表现为政府干预对资本配置效率的影响不显著。

（4）基础设施和人力资本的系数为正,且在1％的水平上显著。基础设施的完善与发展将逐渐打破由地理距离造成的垄断竞争,并加速资本或其他生产要素在不同经济主体之间的再配置,从而提高地区的资本配置效率。人力资本的提升将对资本配置效率的提高产生显著的促进作用。

（5）经济对外开放的两个指标对资本配置效率的影响相反。国际贸易的系数显著为正,这表明随着地区深入参与国际贸易,资本配置效率将得到显著的提升,这与现有文献得出的结论一致。但外商直接投资的系数显著为负,这意味着地区接受的外商直接投资对资本配置产生了显著的抑制作用。这可能是因为,现阶段外资企业与国内企业已经形成有力的竞争关系,他们对产品市场和生产要素的争夺"挤出"了国内企业的投资,从而对资本配置效率产生消极的影响。这一判断在研究 FDI 对国内投资的相关文献中得以证实。如杨柳勇和沈国良(2002)的研究发现,从长期来看,FDI 对我国国内投资产生显著的"挤出效应"。程培堽等(2009)的研究发现,现阶段我国 FDI 已经超过最优规模,FDI 每增加 1%,将挤出同产业国内资本 1.07%。

第四节 本章小结

本章利用 Wurgler(2000)的方法,利用行业投资反应系数作为地区资本配置效率的测度指标。利用中国省级层面 2000—2007 年的面板数据,基于系统 GMM 方法对金融发展的资本配置优化效应进行了实证研究。结论表明,金融规模发展(用地区存贷总额占比表征)和金融效率(用私人信贷占比表征)对资本配置效率产生显著为正的影响,且金融效率发展指标的系数明显大于金融规模发展指标的系数。这说明金融规模发展和金融效率发展的提高将显著促进资本配置效率的提升,且金融效率发展对资本配置效率的促进作用将明显大于金融规模发展。除此之外,国有企业份额占比和 FDI 对地区资本配置效率产生显著为负的影响,政府干预的影响不显著,基础设施、人力资本和国际贸易的提升将显著促进地区资本配置效率的提升。

第八章

研究结论与研究展望

第一节
主要研究结论

在资源环境双重约束的背景下,加快全要素生产率增长是一国实现经济增长方式转型、促进经济长期可持续发展的根本条件。金融体系作为现代经济体系的核心,在一国全要素生产率演变路径中发挥着重要的作用。本书基于理论模型构建和实证研究两种方法,分别对金融发展影响全要素生产率的总效应及作用机制展开了深入的研究。主要结论如下。

第一,金融发展显著促进了全要素生产率的增长。基于金融功能论,金融体系通过储蓄动员、信息收集处理与分析、风险分散及激励监督与约束等功能的发挥,在较大程度上缓解了技术升级型投资项目的融资约束问题,并优化资源配置效率,从而促进了全要素生产率的增长。本书在熊彼特的增长模型框架下,就金融发展对全要素生产率的影响进行了理论模型推导。在模型中,金融发展程度通过解决信息不对称问题和降低资本使用成本等途径在一定程度上缓解技术升级型投资项目的融资约束问题,从而提升了项目的内生成功概率和资本配置效率,最终促进了社会平均全要素生产率的增长。以中国1993—2010年省级层面的面板数据为研究对象,在准确度量中国省级层面的全要素生产率的基础上,对金融发展影响全要素生产率的计量模型进行实证研究,固定效应OLS估计和IV法的估计结果表明,金融效率发展显著促进了中国全要素生产率的增长,但金融规模发展对中国全要素生产率的促进效应不明显。在影响全要素生产率增长的其他变量中,基础设施、人力资本、城市化水平将显著促进全要素生产率的增长,但对外开放的两个主要部分——国际贸易和 FDI 对全要素生产率产生了不显著的负面影响。

第二,金融发展加快了全要素生产率的增长速度,但这种促进效应呈现明显的递减趋势,当金融发展水平超过一定临界值时,这种促进效应趋近于 0。理论模型的推导结果表明:在金融发展程度较低的国家,金融体系的发展将加快全要素生产率增长速度的增长,但这一促进效应呈现递减趋势;金融程度处于中高等水平的国家,均衡状态下全要素生产率的增长率等于外生前沿技术增长速度,金融发展不能对全要素生产率增长速度产生影响。以中国省级层面的面板数据作为研究对象进行实证研究,运用一阶差分 GMM 法和系统 GMM 法的估计结果均表明金融发展促进了全要素生产率的增长速度。将全国样本分为金融发展程度较高和金融发展程度较低的两个子样本分别进行实证研究,结论表明在金融发展程度较低的子样本中,金融发展对全要素生产率增长速度的回归系数较大,这验证了金融发展对全要素生产率增长速度的促进作用呈现递减趋势的规律。

第三,金融发展促进全要素生产率的渠道之一在于促进了经济体的技术进步。理论推导结果表明:金融发展通过缓解技术升级型投资项目的融资约束问题,提升了技术模仿及技术创新等技术升级型行为的内生成功概率,从而促进了一国的技术进步。本书利用中国省级层面的面板数据分别对金融发展的技术外溢效应(在复杂的国际环境下,中国对前沿技术模仿的主要路径在于 FDI 及国际贸易的技术外溢)及创新效应进行了实证研究。在内生经济增长模型框架下,分别利用引入交互项的计量模型及门槛效应模型对金融发展的技术外溢效应进行实证研究,并取得高度一致的估计结果:金融发展对国际技术外溢的影响存在显著的门槛效应。当金融发展低于某一门槛值时,FDI 和国际贸易对国内全要素生产率将产生显著为负的影响;当金融发展高于某一门槛值时,FDI对国内全要素生产率产生显著为正的影响,国际贸易的影响不显著。这表明FDI和国际贸易的技术外溢效应在较大程度上依赖于东道国的金融发展水平。在创新知识生产函数框架下,利用OLS法对金融发展的创新效应进行实证研究,得出金融发展促进地区创新能力提升的结论。基于地区间创新能力在空间布局上存在较强空间依赖性和联动性的事实,将空间效应引入金融发展与地区创新能力的研究框架中,并基于空间面板模型对两者关系进行重新检验。估计结果表明,在考虑地区间知识外溢的前提下,金融发展仍显著促进了地区创新能力的提升,这表明这一结论具有较强的稳健性。在影响创新能力建设的其他变量中,研发人员的贡献显著为正。研发经费投入的系数为正但不显著,说明我国研发经费投入效率较低。国际贸易显著促进了地区创新产出增长、FDI的流入显著抑制了地区创新能力;人力资本、专业化和对地区创新产出的促进作用不明显。

第四,金融发展促进全要素生产率的渠道之二在于优化经济体的资本配置状况。理论推导结果表明,金融体系作为重要的金融资源配置机制之一,在发展过程中将更多的金融资源优先配置给成长潜力较大的生产主体,通过提升该类生产主体在经济体中的比例提升了社会平均生产率。利用Wurgler(2000)提出的行业投资反应系数法对当前中国地区的资本配置效率进行度量,发现我国地区实体经济资本配置效率较低,存在较大的改善空间。基于系统GMM法的估计结论表明,金融发展将显著促进地区资本配置效率的提升。除此之外,国有企业份额占比和FDI对地区资本配置效率产生显著为负的影响,政府干预的影响不显著,基础设施、人力资本和国际贸易的提升将显著促进地区资本配置效率的提升。

第五,将金融发展区分为金融规模发展和金融效率发展两个维度进行实证研究,估计结果表明,无论是在全要素生产率及其增长率的演变路径中,还是在对技术外溢效应、创新能力建设及资本配置效应的作用路径中,金融效率发展的促进作用总是大于金融规模发展的促进作用。这主要因为,我国金融体系内在的"国有银行主导"及"政府管控"等特征导致金融资源更多地流向低效的国有企业,这种广泛存在的信贷歧视不仅加重了国有企业自身的效率损失,而且对整体经济效率具有较强的"拖累效应"。因此,较低的金融体系运行效率拉低了金融规模发展的生产率效应。与此同时,金融效率发展在本质上反映了金融体系功能的发挥,在较大程度上反映了对技术升级型投资行为融资约束的缓解效应,因此金融效率发展将对全要素生产率及增长率、技术外溢、创新能力建设及资本配置效率产生较大的影响。

总之,从金融发展对全要素生产率影响的总效应来看,金融发展促进了全要素生产率及其增长速度的提升,但金融发展对全要素生产率增长速度的促进效应呈现递减趋势。从金融发展影响全要素生产率的作用机制来看,金融发展通过促进技术外溢及创新能力建设两个方面促进了经济主体的技术进步,通过提升资本配置效率促进了经济主体社会平均生产率的增长。从金融发展的两个维度来看,金融效率发展在全要素生产率演变路径中的促进作用大于金融规模发展。

第二节 研究展望

本书利用理论模型构建和实证研究两种方法,对金融发展影响全要素生产率的总效应及作用机制进行了深入的研究。然而,这一探索主要基于中国省级层面的宏观数据展开,未能对金融发展影响全要素生产率的微观传导机制进行更细致的分析。若能基于微观层面的企业数据深入探索这一问题,将得出更多富有价值的结论。此外,本书认为金融发展对全要素生产率的影响研究还需要从以下几个方面改进及展开。

(1) 改进度量地区金融发展的指标。本书基于中国金融体系由银行业主导的现实,主要从银行信贷的角度度量地区的金融规模发展及金融效率发展。但随着我国资本市场的进一步完善与发展,金融市场在我国金融体系中将占据着越来越重要的地位。因此,在今后的相关研究中,在度量地区金融发展指标时,可以考虑金融市场的发展。当然,由于地区资本市场发展数据的限制,这一度量方法存在一定的难度。但可以根据当前沪深证券交易所中全部上市公司所在地的信息,通过计算各地区全部上市公司总市值作为地区资本市场发展的替代指标。这只是本书提出的一个可能的解决方法,在具体的度量过程中,尚有待斟酌与改进。

(2) 从微观企业层面的角度,探索金融发展对企业生产率增长的影响。从金融功能论出发,金融发展将通过缓解技术升级型投资项目的融资约束,促使其选择较高的内生成功概率,从而促进技术进步。囿于微观企业数据的可得性,本书未能准确反映这一微观作用机制。在今后的研究中,可以基于微观企业层面的数据,探索金融发展、企业融资约束、研发资本投入及全要素生产率之间的关系。

(3) 可以将动态比较优势纳入"金融发展—技术外溢效应—全要素生产率提升"的分析框架。本书关于"金融、贸易与全要素生产率"的研究,主要集中在金融发展对吸收能力,进而对溢出效应程度的影响上。但现有研究表明,金融发展是影响一国比较优势的重要因素,将动态比较优势纳入该研究框架将具有较强的现实意义。在今后的研究中,可以探索金融体系促进技术外溢效应的另一条渠道:金融发展水平提升—国比较优势改变—出口技术复杂度提升—干中学和出口中学效应—生产率提升。

(4)利用微观企业层面的数据,探索金融发展对产业内资本重配效应的影响,并在具体的分析中将竞争机制引入"金融发展—产业内企业间的资本再配置—全要素生产率提升"的框架,利用动态分析的方法研究金融发展对产业内资本配置效率的促进作用。本书对金融发展的资源配置效应的研究更多的是从静态分析的角度研究金融发展对产业间资本配置的影响,即金融发展将资源更合理地配置给了效率更高的产业,从而提升了社会平均生产率。实际上,资本在产业内企业间的重新配置将带来巨大的生产率增长效应。一方面,较好的金融发展将优化市场环境,促进市场公平竞争,在长期中实现优胜劣汰;另一方面,金融系统对高生产率企业配置更多资源的"奖励"效应,将激励得到资源的企业和其他企业同时积极采取措施提升自身技术水平,以争取更多的金融资源。

参考文献
Reference

[1] Abiad A, Oomes N, Ueda K. The quality effect: Does financial liberalization improve the allocation of capital? [J]. Journal of Development Economics,2008,87: 270-282.

[2] Abramovitz M. Catching up, forging ahead and falling behind[J]. Journal of Economic History ,1986,46(2):385-406.

[3] Acemoglu D. Introduction to modern economic growth[M]. New Jersey:Princeton University Press,2009.

[4] Acemoglu D, Fabrizio Z. Productivity differences [J]. Quaterly Journal of Economics,2001,116:563-606.

[5] Acemoglu D,Zilibotti F, Aghion P. Distance to frontier, selection, and economic growth [J]. Journal of the European Economic Association March,2006,4(1):37-74.

[6] Acemoglu D, Zilibotti F. Was prometeus unbound by chance? Risk, diversification and growth[J]. Journal of Political Economy,1997, 105:709-755.

[7] Aghion P, Howitt P. The schumpeterian approach to technical change and growth[R]. Economic Growth in the World Economy: Symposium,1992.

[8] Aghion P, Howitt P, Mayer-Foulkes D. The effect of financial

development on convergence: theory and evidence[R]. Working Paper,2003.

[9] Akkemik K A. TFP Growth and resource allocation in Singapore, 1965-2002[J]. Journal of International Development,2007,19: 1059-1073.

[10] Alfaro L, Chanda A, Kalemli-Ozcan S, Sayekd S. FDI and economic growth: the role of local financial markets[J]. Journal of International Economics,2004,64: 89-112.

[11] Alfaro L, Kalemli-Ozcan S, Sayek S. FDI, productivity and financial development[J]. The World Economy,2009,32(1): 111-135.

[12] Almeida H, Wolfenzon D. The effect of external finance on the equilibrium allocation of capital[J]. Journal of Financial Economics,2005,75: 133-164.

[13] Allen F, Gale D. A Welfare comparison of intermediaries and financial markets in Germany and the US[J]. European Economic Review,1995,39(2):179-209.

[14] Amaral P S, Quintin E. Financial intermediation and economic development: a quantitative assessment[R]. Manuscript, Federal Reserve Bank of Dallas,2005.

[15] Ang J B. What are the mechanisms linking financial development and economic growth in Malaysia?[J]. Economic Modelling, 2008,25(1):38-53.

[16] Arellano M, Bond S. Some tests of specification for panel data: Monte Carlo evidence and an application to employment equations

[J]. The Review of Economic Studies,1991,58(2):277-297.

[17] Arayama Y, Miyoshi K. Regional diversity and sources of economic growth in China[J]. The World Economy,2004,27(4):1583-1607.

[18] Arestis P, Chortareas G, Desli E. Financial development and productivity efficiency in OECD countries: an exploratory analysis[J]. The Manchester School,2006,74(4):417-440.

[19] Arizala F, Cavallo E, Galindo A. Financial development and TFP growth: cross country and industry level evidence[R]. Available at SSRN 1395716,2009.

[20] Atiken B J, Harrison A. Do domestic firms benefit from direct foreign investment? Evidence from Venezuela[J]. American Economic Review,1999,89:605-618.

[21] Azariadis C, Kaas L. Capital misallocation and aggregate factor productivity[R]. Working Paper,2012.

[22] Aziz J, Duenwald C. Growth-financial intermediation nexus in China[R]. IMF Working Paper,2002.

[23] Azman-Saini W N, Law S H, Ahmad A. FDI and economic growth: new evidence on the role of financial markets[J]. Economics Letters,2010,107:211-213.

[24] Balasubramanyam V N, Salisu M, Sapsford D. Foreign direct investment and growth in EP and IS countries[J]. The Economic Journal,1996:92-105.

[25] Barro R, Sala-i-Martin X. Economic growth[M]. Cambridge: MIT Press,2004.

[26] Bartelsman E J, Doms M. Understanding productivity: lessons from longitudinal microdata[J]. Journal of Economic literature, 2000,38(3): 569-594.

[27] Bartelsman E, Haltiwanger J, Scarpetta S. Cross-country and within-country differences in the business climate[J]. International Journal of Industrial Organization,2010,28: 368-371.

[28] Bartelsman E, Haltiwanger J, Scarpetta S. Cross-country differences in productivity: the role of allocation and selection[R]. National Bureau of Economic Research,2009.

[29] Beck T. Financial dependence and international trade[J]. Review of International Economics,2003,11(2): 296-316.

[30] Beck T. Financial development and international trade: is there a link? [J]. Journal of international Economics,2002,57(1): 107-131.

[31] Beck T, Demirgüc-kunt A, Levine R. A new database on financial development and structure[R]. Policy Research Working Paper No. 2146,1999.

[32] Beck T, Levine R, Loayza N. Finance and the sources of growth [J]. Journal of Financial Economics,2000,58:261-300.

[33] Benhabib J, Spiegel M. The role of financial development in growth and investment[J]. Journal of Economic Growth,2000, 5: 341-360.

[34] Berger A N, Udell G F. Did risk-based capital allocate bank credit and cause a "credit crunch" in the US? [J]. Journal of Money Credit Banking,1994,26: 585-628.

[35] Bencivenga V R, Smith B D. Financial intermediation and endogenous growth[J]. The Review of Economic Studies,1991,58(2):195-209.

[36] Bhagwati J N. Foreign trade regimes and economic development: anatomy and consequences of exchange control regimes[R]. Ballinger Publishing Company for the National Bureau of Economic Research,1978.

[37] Bils M,Klenow P. Does schooling cause growth?[J]. The American Economic Review,2000,90(5):1160-1183.

[38] Blackburn K,Hung V T Y. A theory of growth, financial development and trade[J]. Economica,1998,65(257):107-124.

[39] Borensztein E,Gregorio J D,Lee J W. How does foreign direct investment affect economic growth?[J]. Journal of International Economics,1998,45:115-135.

[40] Brandt L,Li H. Bank discrimination in transition economies: ideology,information,or incentives?[J]. Journal of comparative economics,2003,31(3):387-413.

[41] Brown J D,Earle J S. Understanding the Contributions of reallocation to productivity growth: lessons from a comparative firm-level analysis[R]. Working Paper,2008.

[42] Brown J R,Martinsson G,Petersen B C. Do financing constraints matter for R&D?[J]. European Economic Review,2012,56:1512-1529.

[43] Blocha H,Tang S H K. The role of financial development in

economic growth[J]. Progress in Development Studie,2003,3:243-251.

[44] Blomstrom M,Wolff N. Multinational corporations and productivity convergence in Mexico[R]. NBER Working Paper No. 3141,1994.

[45] Blundell R,Bond S,Windmeijer F. Estimation in dynamic panel data models:improving on the performance of the standard GMM estimator[R]. IFS Working Paper,2000.

[46] Buera F J,Kaboski J,Shin Y. Finance and development:a tale of two sectors[R]. National Bureau of Economic Research,2009.

[47] Buera F J, Shin Y. Financial frictions and the persistence of history:a quantitative exploration[R]. NBER Working Paper No. 16400,2010.

[48] Butler A W,Cornaggia J. Does access to external finance improve productivity? Evidence from a natural experiment[J]. Journal of Financial Economics,2011,99(1):184-203.

[49] Calderón C,Liu L. The direction of causality between financial development and economic growth[J]. Journal of development economics,2003,72(1):321-334.

[50] Cameron R. Banking in the early stages of industrialization:a study in comparative economic history[M]. New York:Oxford University Press,1967.

[51] Carkovic M,Levine R. Does foreign direct investment accelerate economic growth? [R]. University of Mnnesota, Working Paper,2000.

[52] Chari V,Kehoe P,McGrattan E. Business cycle accounting[J].

Econometrica,2007,75: 781-836.

[53] Chen H. Development of financial intermediation and economic growth: the Chinese experience[J]. China Economic Review, 2006,17(4): 347-362.

[54] Chen K, Song Z. Financial frictions on capital allocation: a transmission mechanism of TFP fluctuation[R]. Working Paper,2009.

[55] Chiu J, Meh C, Wright R. Innovation and growth with financial, and other, frictions[R]. Bank of Canada Working Paper,2011.

[56] Claessens S, Demirg-Kunt A, Huizinga H. How does foreign entry affect the domestic banking market?[J]. Journal of Banking & Finance,2001,25(5):891-911.

[57] Coe D T, Helpman E. International R & D spillovers[J]. European Economic Review,1995,39(5): 859-887.

[58] Cohen W, Levinthal D. Innovation and learning: the two faces of R&D[J]. Economic Journal,1989,99:569-596.

[59] Crepon B, Duguet E. Estimating the innovation function from patent numbers: GMM on count panel data[J]. Journal of Applied Econometrics,1997,12(3):243-263.

[60] Damijan J P, Knell M, Majcen B. The role of FDI, R&D accumulation and trade in transferring technology to transition countries: evidence from firm panel data for eight transition countries[J]. Economic systems,2003,27(2): 189-204.

[61] de Gregorio J, Guidotti P E. Financial development and economic growth[J]. World Development,1995,23:433-448.

[62] Dehejia R, Lleras-Muney A. Why does financial development matter? The United States from 1900 to 1940[R]. National Bureau of Economic Research, Working Paper, No. 9551, 2003.

[63] de Mello L J. Foreign direct investment-led growth: evidence from time series and panel data[J]. Oxford Economic Papers, 1999, 51: 133-151.

[64] Demirg-Kunt A, Levine R, Min H G. Opening to foreign banks: issues of stability, efficiency, and growth[R]. World Bank Mimeo, 1998.

[65] Do Q T, Levchenkob A. Comparative advantage, demand For external finance, and financial development[J]. Journal of Financial Economics, 2007, 86: 796-834.

[66] Dollar D, Wei S J. Das (wasted) Kapital: firm ownership and investment efficiency in China[R]. NBER Working Paper, 2007.

[67] Du J, Lu Y, Tao Z. Bank loans and trade credit under China's financial repression[R]. The China International Conference in Finance, 2009.

[68] Easterly W, Levine R. It is Not Factor Accumulation: stylized facts and growth models[J]. World Bank Economic Review, 2001, 15(2): 177-219.

[69] Eaton J, Kortum S. Measuring technology diffusion and the international sources of growth[J]. Eastern Economic Journal, 1996, 22(4): 401-410.

[70] Eisfeldt A, Rampini A. Capital reallocation and liquidity[J]. Journal of Monetary Economics, 2006, 53: 369-399.

[71] Erosa A, Cabrillana A H. On finance as a theory of TFP, cross-industry productivity differences, and economic rents [J]. International economic review, 2008, 49: 437-473.

[72] Farrell J. The measurement of productive efficiency [J]. Journal of the Royal Statistical Society, Series A, 1957, 120(3): 253-290.

[73] Fisman R, Love I. Financial development and growth in the short and long run [R]. BREAD Working Paper, No. 051, 2003.

[74] Flore J. Foreign direct investment spillovers: what can we learn from portuguese data? [J]. Journal of Development Economics, 2000, 1(4): 63-69.

[75] Fuente A, Marín J M. Innovation, bank monitoring, and endogenous financial development [J]. Journal of Monetary Economics, 1996, 38 (2): 269-301.

[76] Gilchrist S, Sim J W, Zakrajsek E. Misallocation and financial market frictions: some direct evidence from the dispersion in borrowing costs [R]. Working Paper, 2012.

[77] Goldsmith R W. Financial structure and development [M]. New Haven: Yale University Press, 1969.

[78] Gorodnichenko Y, Schnitzer M. Financial constraints and innovation: why poor countries don't catch up? [R]. NBER Working Paper, No. 15792, 2011.

[79] Grabher G. The embedded firm: on the Socioeconomics of industrial networks [M]. London and New York: Routledge, 1993.

[80] Greenwood J, Jovanovic B. Financial development, growth, and the distribution of income [J]. Journal of Political Economy, 1990,

98:1076-1107.

[81] Greenwood J, Sanchez J M, Wang C. Quantifying the impact of financial development on economic development[J]. Review of Economic Dynamics, 2013, 16:194-215.

[82] Greenwald B C, Stiglitz J E. Asymmetric information and the new theory of the firm: financial constraints and risk behavior[J]. The American Economic Review, 1990, 80(2):160-165.

[83] Haddad M, Harrison A. Are there positive spillovers from direct foreign investment? evidence from panel data for Morocco[J]. Journal of Development Economics, 1993, 42:51-74.

[84] Hall B H, Lerner J. The financing of R&D and innovation[R]. Handbook of The Economics of Innovation, 2010.

[85] Hall R E, Jones C I. Why do some countries produce so much more output per worker than others? [J]. Quarterly Journal of Economics, 1999, 114(1):83-116.

[86] Hansen B E. Sample splitting and threshold estimation [J]. Econometrica, 2000, 68(3):575-603.

[87] Hartmann P, Heider F, Papaioannou E, Duca M L. The role of financial markets and innovation in productivity and growth in Europe[R]. Occasional Paper Series, 2007.

[88] Hsieh C T, Klenow P J. misallocation and manufacturing TFP in China and India[J]. The Quarterly Journal of Economics, 2009, 124(4):1403-1448.

[89] Huang H, Xu C. Institutions, innovations, and growth[J]. The American Economic Review, 1999, 89(2):438-444.

[90] Ilyina A, Samaniego R. Technology and finance[R]. IMF Working Paper, 2008.

[91] Ilyina A, Samaniego R. Technology and financial development[J]. Journal of Money, Credit and Banking, 2011, 43(5): 899-921.

[92] Javorcik B S, Spatareanu M. Liquidity constraints and linkages with Multinationals[R]. Mimeo, 2007.

[93] Jeanneney S, Hua P, Liang Z. Financial development, economic efficiency, and productivity growth: evidence from China[J]. The Developing Economies, Institute of Developing Economies, 2006, 44(1): 27-52.

[94] Jaffe A B. Real effects of academic research[J]. The American Economic Review, 1989, 79(5): 957-970.

[95] Jeong H, Townsend R M. Sources of TFP growth: occupational choice and financial deepening[J]. Economic Theory, 2007, 32(1): 179-221.

[96] King R, Levine R. Finance and growth: Schumpeter might Be right[J]. The Quarterly Journal of Economics, 1993a, 108 (3): 717-737.

[97] King R, Levine R. Finance, entrepreneurship and growth: theory and evidence[J]. Journal of Monetary Economics, 1993b, 32(3): 513-542.

[98] Kinoshita Y. R&D and technology spillovers via FDI: innovation and absorptive capacity[R]. William Davidson Institute Working Papers Series, No. 349, 2000.

[99] Klenow P, Rodriguez-Clare A. The neoclassical review in growth economies: Has It Gone too Far? [R]. NBER Macroeconomics Annual 12,1997.

[100] Kogel T. Youth dependence and total factor productivity[J]. Journal of Development Economics,2005,76:147-173.

[101] Krugman P. Myth of Asia's miracle[J]. Foreign Affairs,1994, 73:62-78.

[102] Lee C C,Chang C P. FDI, financial development, and economic growth: international evidence[J]. Journal of Applied Economics, 2009,12(2):249-271.

[103] Levine R. Financial Development and economic growth: views and Agenda[J]. Journal of Economic Literature,1997,35(2): 688-726.

[104] Levin R C,Klevorick A K,Nelson R R,Winter S G. Appropriating the returns from industrial research and development [J]. Brookings Papers on Economic Activity,1987,3:783-832.

[105] Li S M. Costly external finance, reallocation, and aggregate productivity[J]. Journal of Productivity Analysis, 2011, 35: 181-195.

[106] Loayza N,Ranciere R. Financial development, financial fragility, and growth[J]. Journal of Money, Credit, and Banking, 2006, 38:1051-1076.

[107] Lucas R E. On the mechanics of economic development [J]. Journal of Monetary Economics,1988,22:3-42.

[108] Mankiw N G,Romer D,Weil D N. A contribution to the empirics

of economic growth[J]. Quarterly Journal of Economics,1992,107:407-437.

[109] Mansfield E, Schwartz M, Wagner S. Imitation costs and patents: an empirical study[J]. Economic Journal,1981,91:907-918.

[110] Maskus K E, Neumann R, Seidel T. How national and international financial development affect industrial R&D[J]. European Economic Review,2012,56:72-83.

[111] McKinnon R I. Money and capital in economic development [M]. Washington D. C. : Brookings Institution,1973.

[112] McKinsey Global Institute. Productivity: the key to an accelerated development path for brazil[M]. Washington D. C. : McKinsey Global Institute,1998.

[113] Méon P G,Weill L. Does financial intermediation matter for macroeconomic performance? [J]. Economic Modelling,2010,27:296-303.

[114] Midrigan V,Xu D Y. Finance and Misallocation: evidence from plant-level data[R]. Working Paper,2010.

[115] Nelson R R, Phelps E S. Investment in humans, technological diffusion, and economic growth[J]. The American Economic Review,1966,56(1/2):69-75.

[116] Niels H,Lensink R. Foreign direct investment,financial development and economic growth[J]. The Journal of Development Studies,2003,40(1):142-163.

[117] Nourzad F. Financial development and productive efficiency: a

panel study of developed and developing countries[J]. Journal of Economics and Finance,2002,26(2):138-148.

[118] Omran M, Bbolbol A. Foreign direct investment, finance development and economic growth: evidence from Arab countries [J]. Reviews of Middle East Economics and Finance,2003,3: 231-245.

[119] Ozawa T. Foreign direct investment and economic development [J]. Transnational Corporations,1992,1(1):27-54.

[120] Park A, Kaja S. Tests of financial intermediation and banking reform in china[J]. Journal of Comparative Economics,2001,29 (4):608-644.

[121] Patrick H T. Financial development and economic growth in underdeveloped countries [J]. Economic Development and Cultural Change,1966,14(2):174-189.

[122] Prescott E. Needed: A theory of total factor productivity[J]. International Economic Review,1998,39:525-552.

[123] Rajan R, Zingales L. Banks and markets: the changing character of European finance [R]. CEPR Discussion Papers, No. 3865,2003.

[124] Rajan R, Zingales L. Financial dependence and growth[J]. The American Economic Review,1998,88(3):559-586.

[125] Restuccia D, Rogerson R. Policy distortions and aggregate productivity with heterogeneous plants[J]. Review of Economic Dynamics,2008,11(4):707-720.

[126] Rousseau P L, Wachtel P. What is happening to the impact of

financial deepening on economic growth? [J]. Economic Inquiry,2011,49: 276-288.

[127] Rioja F, Valev N. Finance and the sources of growth at various stages of economic development[J]. Economic Inquiry,2004,42(1):127-140.

[128] Rioja F, Valev N. Financial structure and the sources of growth: comparing Latin America, East Asia, and OECD [R]. Proceedings of The Tenth Annual Meeting of the Latin American and Caribbean Economic Association (LACEA),2005: 27-29.

[129] Romer P M. Increasing returns and long-run growth[J]. The Journal of Political Economy,1986,94(5):1002-1037.

[130] Rousseau P L, Wachtel P. Inflation thresholds and the finance-growth nexus[J]. Journal of International Money and Finance,2002,21(6): 777-793.

[131] Saint-Paul G. Technological choice, financial markets and economic development[J]. European Economic Review,1992,36(4):763-781.

[132] Sharma S. Financial development and innovation in small firms [R]. World Bank Policy Research Working Paper Series,2007.

[133] Shaw E S. Financial deepening in economic development[M]. Oxford: Oxford University Press,1973.

[134] Smarzynska B. Composition of foreign direct investment and protection of intellectual property rights in transition economies [R]. Centre for Economic Policy Research,1999.

[135] Solow R K. Technical change and the aggregate production

function[J]. Review of Economics and Statistics,1957,39:312-320.

[136] Sun Q,Tong W H S. China share issue privatization: the extent of its success[J]. Journal of Financial Economics,2003,70(2):183-222.

[137] Svaleryd H,Vlachos J. Financial markets,industrial specialization and comparative advantage: evidence from OECD countries[R]. Department of Economics,Stockholm University,2002.

[138] World Investment Report. Cross-border mergers and acquisitions and development[R]. UNCTAD,2000.

[139] Wurgler J. Financial markets and the allocation of capital[J]. Journal of Financial Economics,2000,58:187-214.

[140] Xu B. Multinational enterprises,technology diffusion,and host country productivity growth[J]. Journal of Development Economics,2000,6:446-493.

[141] Zagorchev A,Vasconcellosb G,Bae Y. Financial development,technology,growth and performance: evidence from The accession to the EU[J]. Journal of International Financial Markets,Institutions & Money,2011,21:743-759.

[142] Zhang A,Zhang Y,Zhao R. A study of the R&D efficiency and productivity of Chinese firms[J]. Journal of Comparative Economics,2003,31(3):444-464.

[143] 白积洋. 金融发展、对外贸易与全要素生产率:来自中国省域的证据[J]. 科学决策,2011,8:22-52.

[144] 陈刚,李树. 金融发展与增长源泉:要素积累、技术进步与效率

改善[J].南方经济,2009,5:24-35.

[145] 陈永伟,胡伟民.价格扭曲、要素错配和效率损失:理论与应用[J].经济学(季刊),2011,4:1401-1422.

[146] 陈钊,陆铭,金煜.中国人力资本和教育发展的区域差异:对于面板数据的估算[J].世界经济,2004,12:25-31.

[147] 程培堽,周应恒,殷志扬.FDI对国内投资的挤出(入)效应:产业组织视角[J].经济学(季刊),2009,8(4):1527-1548.

[148] 杜佳,蓝海荣.对我国金融发展与经济增长相关性的实证研究(1978—2001)[R].中国经济学年会论文,2003.

[149] 范承泽,胡一帆,郑红亮.FDI对国内企业技术创新影响的理论与实证研究[J].经济研究,2008,1:89-102.

[150] 樊纲,王小鲁,马光荣.中国市场化进程对经济增长的贡献[J].经济研究,2011,9:4-16.

[151] 范学俊.金融政策与资本配置效率——1992—2005年中国的实证[J].数量经济技术经济研究,2008,2:3-15.

[152] 傅晓霞,吴利学.全要素生产率在中国地区差异中的贡献:兼与彭国华和李静等商榷[J].世界经济,2006,9:12-22.

[153] 高凌云,王洛林.进口贸易与工业行业全要素生产率[J].经济学(季刊),2010,9(2):391-414.

[154] 宫俊涛,孙林岩,李刚.中国制造业省际全要素生产率变动分析——基于非参数Malmquist指数方法[J].数量经济技术经济研究,2008,25(4):97-109,130.

[155] 郭国峰,温军伟,孙保营.技术创新能力的影响因素分析——基于中部六省面板数据的实证研究[J].数量经济技术经济研究,2007,24(9):134-143.

[156] 郭庆旺,赵志耘,贾俊雪.中国省份经济的全要素生产率分析[J].世界经济,2005,5:46-53.

[157] 韩立岩,蔡红艳.我国资本配置效率及其与金融市场关系评价研究[J].管理世界,2002(1):65-70.

[158] 韩立岩,王哲兵.我国实体经济资本配置效率与行业差异[J].经济研究,2005(1):77-84.

[159] 黄德春,闵尊祥,徐敏.金融发展与技术创新:对中国高新技术产业的实证研究[J].中国科技论坛,2011,17(12):21-25.

[160] 黄亚生.中国"外资依赖症"的原因和代价[J].中国招标,2005(52):24-29.

[161] 赖明勇,张新,彭水军,包群.经济增长的源泉:人力资本、研究开发与技术外溢[J].中国社会科学,2005(2):32-46.

[162] 李国民,王秋石.地区间接融资的金融市场和外商直接投资的正溢出效应[J].经济理论与经济管理,2007(6):70-75.

[163] 李建伟.外商直接投资与经济增长:对金融市场角色的分析[J].当代财经,2007(1):27-30,99.

[164] 李婧,谭清美,白俊红.中国区域创新生产的空间计量分析——基于静态与动态空间面板模型的实证研究[J].管理世界,2010(7):43-65.

[165] 林毅夫,蔡昉,李周.充分信息与国企改革[J].文明与宣传,1997(8):5-6,2.

[166] 林毅夫,姜烨.发展战略、经济结构与银行业结构:来自中国的经验[J].管理世界,2006(1):29-40.

[167] 刘秉镰,武鹏,刘玉海.交通基础设施与中国全要素生产率增长——基于省域数据的空间面板计量分析[J].中国工业经济,

2010(3):54-64.

[168] 刘鸿儒. 刘鸿儒论中国金融体制改革[M]. 北京:中国金融出版社,2000.

[169] 刘瑞明. 金融压抑、所有制歧视与增长拖累——国有企业效率损失的再考察[J]. 经济学(季刊),2011,10(2):603-618.

[170] 刘生龙,胡鞍钢. 基础设施的外部性在中国的检验:1988—2007[J]. 经济研究,2010(3):4-15.

[171] 刘小玄. 中国工业企业的所有制结构对效率差异的影响——1995年全国工业企业普查数据的实证分析[J]. 经济研究,2000(2):17-25.

[172] 刘小玄. 中国转轨经济中的产权结构和市场结构——产业绩效水平的决定因素[J]. 经济研究,2003(1):21-29.

[173] 刘云,夏民,武晓明. 中国最大500家外商投资企业在华专利及影响的计量研究[J]. 预测,2003(6):19-23.

[174] 卢峰,姚洋. 金融压抑下的法治、金融发展和经济增长[J]. 中国社会科学,2004(1):42-55.

[175] 鲁钊阳,廖杉杉. FDI技术溢出与区域创新能力差异的双门槛效应[J]. 数量经济技术经济研究,2012(5):75-88.

[176] 马彦新. 基于空间计量模型的金融发展与技术创新研究[J]. 上海金融学院学报,2011,5:26-35.

[177] 毛其淋,盛斌. 对外经济开放、区域市场整合与全要素生产率[J]. 经济学(季刊),2012,11(1):181-210.

[178] 米运生,谭莹. 中国信贷资本配置效率的空间差异:基于四大区域及省际面板数据的实证分析[J]. 财经理论与实践,2007,28(5):31-37.

[179] 牛凯龙.转轨时期中国金融发展及其效率研究——基于金融发展与经济增长传导机制的分析[D].天津:南开大学,2005.

[180] 潘文卿,张伟.中国资本配置效率与金融发展相关性研究[J].管理世界,2003,8:16-23.

[181] 彭国华.中国地区收入差距、全要素生产率及其收敛分析[J].经济研究,2005,9:19-29.

[182] 齐俊妍,王永进,施炳展,盛丹.金融发展与出口技术复杂度[J].世界经济,2011(7):91-118.

[183] 钱水土,周永涛.金融发展、技术进步与产业升级[J].统计研究,2011,28(1):68-74.

[184] 任永菊,张岩贵.外国直接投资与金融深化之间关系的实证分析[J].世界经济文汇,2003,5:24-33.

[185] 世界银行,国务院发展研究中心.2030年的中国[M].北京:中国财政经济出版社,2013.

[186] 孙力军.金融发展、FDI与经济增长[J].数量经济技术经济研究,2008,1:3-14.

[187] 谈儒勇.金融发展理论的新发展:90年代金融发展理论[J].经济研究参考,1999(77):23-29.

[188] 王永剑,刘春杰.金融发展对中国资本配置效率的影响及区域比较[J].财贸经济,2011,3:54-60.

[189] 吴敬琏.中国应当走一条什么样的工业化道路?[J].管理世界,2006(8):1-7.

[190] 吴延兵.R&D存量、知识函数与生产效率[J].经济学(季刊),2006,5(3):1129-1156.

[191] 吴延兵.自主研发、技术引进与生产率——基于中国地区工业

的实证研究[J].经济研究,2008,8:51-64.

[192] 吴延兵.国有企业双重效率损失研究[J].经济研究,2012,47(3):15-27.

[193] 吴玉鸣.空间计量经济模型在省域研发与创新中的应用研究[J].数量经济技术经济研究,2006,5:74-85.

[194] 熊鹏,王飞.中国金融深化对经济增长内生传导渠道研究——基于内生增长理论的实证比较[J].金融研究,2008,2:51-60.

[195] 严鹏飞,王兵.技术效率、技术进步与生产率增长:基于DEA的实证分析[J].经济研究,2004,12:55-65.

[196] 杨柳勇,沈国良.外商直接投资对国内投资的挤入挤出效应分析[J].统计研究,2002,19(3):6-8.

[197] 阳小晓,赖明勇.FDI与技术外溢:基于金融发展的理论视角及实证研究[J].数量经济技术经济研究,2006,6:72-81.

[198] 姚战琪.生产率增长与要素再配置效应:中国的经验研究[J].经济研究,2009,11:130-143.

[199] 叶志强,陈习定,张顺明.金融发展能减少城乡收入差距吗?——来自中国的证据[J].金融研究,2011,2:42-56.

[200] 应千伟,连玉君,陆军.贷款利率改革与微观资本配置效率[J].经济学家,2010,1:76-85.

[201] 余泳泽.FDI技术外溢是否存在"门槛条件"——来自我国高技术产业的面板门限回归分析[J].数量经济技术经济研究,2012,8:49-63.

[202] 张建华,程文.中国地区产业专业化演变的U型规律[J].中国社会科学,2012,1:76-97.

[203] 张军.社会主义的政府与企业:从"退出"角度的分析[J].经济

研究,1994,9:72-80.

[204] 张军,金煜.中国的金融深化和生产率关系的再检测:1987—2001[J].经济研究,2005,11:34-45.

[205] 张军,吴桂英,张吉鹏.中国省际物质资本存量估算:1952—2000[J].经济研究,2004,10:35-44.

[206] 张维迎.企业理论与中国企业改革[M].北京:北京大学出版,2000.

[207] 张维迎,马捷.恶性竞争的产权基础[J].经济研究,1999,6:11-20.

[208] 章祥荪,贵斌威.中国全要素生产率分析:Malmquist指数法评述与应用[J].数量经济技术经济研究,2008,25(6):111-122.

[209] 张志强.金融发展、研发创新与区域技术深化[J].经济评论,2012,3:82-92.

[210] 赵勇,雷达.金融与经济增长:生产率促进抑或资本形成[J].世界经济,2010,2:37-50.

[211] 赵振全,薛丰慧.金融发展对经济增长影响的实证分析[J].金融研究,2004,8:94-99.

[212] 郑明海.开放经济下中国金融发展的生产率效应研究[D].杭州:浙江大学,2008.

[213] 郑文,张建华.进出口贸易"挤出"了中国企业的R&D投资吗[J].国际经贸探索,2012,28(11):4-13.

[214] 周立,王立明.中国各地区金融发展与经济增长实证分析:1978—2000[J].金融研究,2002,10:1-13.

[215] 周黎安.中国地方官员的晋升锦标赛模式研究[J].经济研究,2007,7:36-50.

[216] 朱欢.我国金融发展对企业技术创新作用效果的实证分析[J].科技管理研究,2010,30(14):26-30.

[217] 朱平芳,徐伟民.政府的科技激励政策对大中型工业企业R&D投入及其专利产出的影响——上海市的实证研究[J].经济研究,2003,6:45-53,94.

后记
Postscript

  我国经济已由高速发展阶段转向高质量发展阶段，加快全要素生产率增长成为我国经济摆脱"平庸增长"、实现转型升级的必由之路。金融体系作为现代经济体系的核心，是创新驱动型经济增长的基础制度之一，在一国全要素生产率演变路径中发挥着重要的作用。

  本书基于理论模型构建和实证研究两种方法，分别对金融发展影响全要素生产率的总效应及作用机制展开了深入的研究。从金融发展对全要素生产率影响的总效应来看，金融发展促进了全要素生产率及其增长速度的增长，但金融发展对全要素生产率增长速度的促进效应呈现递减趋势；从金融发展影响全要素生产率的作用机制来看，金融发展通过促进技术外溢及创新能力建设两个方面促进了经济主体的技术进步，通过优化资本配置效率促进了经济主体社会平均生产率的增长。从金融发展的两个维度来看，金融效率发展在全要素生产率演变路径中的促进作用大于金融规模发展的作用。

  本研究主要通过中国省级层面的宏观数据展开分析，还未对金融发展影响全要素生产率的微观传导机制进行更细致的分析。基于微观层面的企业数据，深入探索这一问题，将得出更多富有价值的结论。这也是未来进一步深化金融发展、推动全要素生产率研究主题的需要。

作　者
2018 年 4 月

图书在版编目(CIP)数据

金融发展对中国全要素生产率的影响研究/戴静,郑文著. —武汉:华中科技大学出版社,2018.8

(中国经济转型与创新驱动发展研究丛书)

ISBN 978-7-5680-3983-3

Ⅰ.①金… Ⅱ.①戴… ②郑… Ⅲ.①金融-影响-全要素生产率-研究-中国 Ⅳ.①F249.22

中国版本图书馆 CIP 数据核字(2018)第 104253 号

金融发展对中国全要素生产率的影响研究　　　　　　　戴　静　郑　文　著

Jinrong Fazhan dui Zhongguo Quanyaosu Shengchanlü de Yingxiang Yanjiu

策划编辑:周晓方　陈培斌	责任编辑:苏克超
封面设计:原色设计	责任校对:何　欢
责任监印:周治超	

出版发行:华中科技大学出版社(中国·武汉)　　电话:(027)81321913

　　　　　武汉市东湖新技术开发区华工科技园　　邮编:430223

录　　排:华中科技大学惠友文印中心

印　　刷:武汉市金港彩印有限公司

开　　本:710mm×1000mm　1/16

印　　张:13　插页:2

字　　数:160千字

版　　次:2018年8月第1版第1次印刷

定　　价:98.00元

本书若有印装质量问题,请向出版社营销中心调换

全国免费服务热线:400-6679-118　竭诚为您服务

版权所有　侵权必究